C.H.BECK WISSEN

64 Felder, 32 Figuren, ein schlankes Regelwerk – und doch eine ganze Welt für sich! Schach, das «königliche Spiel», zieht seit über 1500 Jahren Menschen in allen Weltregionen in seinen Bann. Zug um Zug folgt Christian Mann diesem faszinierenden Phänomen, erklärt Geschichte, Regeln und Kultur eines Spiels, das stets mehr war als bloßer Zeitvertreib. Im alten Indien galt es als Allegorie der Herrschaft, für Napoleon war es eine Schule guter Feldherren und heute sieht man es gemeinhin als Gradmesser menschlicher – und künstlicher – Intelligenz. Schach prägt: nicht nur seine Spieler, sondern *en passant* auch unsere Sprache. Alles, was die Faszination von Schach ausmacht – von den Regeln bis zu den Turnieren der Groß- und Weltmeister, vom Leben und Denken der Schachspieler bis zur gesellschaftlichen Bedeutung des Spiels –, findet sich hier, schwarz auf weiß.

Christian Mann ist Professor für Alte Geschichte in Mannheim. Er war in seiner Jugend Kaderspieler des Deutschen Schachbunds und führt den Titel eines Internationalen Meisters. Bei C.H.Beck erschien von ihm bereits *Die Gladiatoren* (2013).

Christian Mann

SCHACH

Die Welt auf 64 Feldern

C.H.Beck

Mit 22 Abbildungen

Originalausgabe

www.chbeck.de
Satz: C.H.Beck.Media.Solutions, Nördlingen
Druck und Bindung: Druckerei C.H.Beck, Nördlingen
Reihengestaltung Umschlag: Uwe Göbel (Original 1995, mit Logo), Marion Blomeyer (Überarbeitung 2018)
Umschlagabbildung: Schachspieler, entnommen aus dem «Libro de los juegos» (‹Buch der Spiele›), von Alfons X. von Kastilien in Auftrag gegeben, 13. Jahrhundert, © akg-images, Fototeca Gilardi
Printed in Germany
ISBN 978 3 406 73970 5

myclimate

klimaneutral produziert
www.chbeck.de/nachhaltig

Inhalt

1. Einleitung: Faszination Schach

Dieses Buch richtet sich nicht an Schachgroßmeister oder solche, die es werden wollen. Es ist geschrieben für alle diejenigen, die sich für das «königliche Spiel», seine Geschichte und seine Bedeutung in der Politik, der Literatur oder der Informatik interessieren. Auch wer nicht die Regeln kennt, ist vom Psychogramm eines Schachspielers bei Stefan Zweig oder von einer Schachweltmeisterschaft fasziniert, dem Inbegriff eines geistigen Duells auf höchstem Niveau. Für alle «Schachneulinge» werden im Anhang die Regeln des Spiels und die Schreibweise der Züge erläutert.

Berlin, 10. Februar 1910. Im Hotel de Rome verfolgen die Zuschauer gebannt die zehnte und letzte Partie des Wettkampfes um die Weltmeisterschaft im Schach. Der Titelverteidiger, Dr. Emanuel Lasker aus Deutschland, war als klarer Favorit in das Match gegangen. Seit bereits 16 Jahren trägt er den Titel des Weltmeisters, ist Sieger zahlreicher Turniere und hat insbesondere noch nie einen Zweikampf verloren, da bei diesem Format seine variable und erfindungsreiche Spielweise besonders wirkungsvoll ist. Doch diesmal setzt ihm sein Herausforderer, der Österreicher Carl Schlechter, unerwartet zähen Widerstand entgegen. Gegen dessen solides Positionsspiel und präzise Verteidigung hat Lasker noch kein Gegenmittel gefunden und von den ersten neun Partien keine einzige gewonnen, ja sogar die fünfte Partie verloren, als er im Gewinnstreben seine Stellung überzog. Schlechter führt vor der letzten Partie mit 5:4; gewinnt er diese oder erzielt er ein Remis, ist er der neue Weltmeister. Gewinnt Lasker die Partie, behält er seinen Titel, so sieht es das Reglement im Falle eines unentschiedenen Ausgangs vor. Es hängt also alles von dieser einen Partie ab, ob Lasker oder Schlechter auf dem Schachthron sitzt, ob der Weltmeistertitel in Deutschland bleiben oder auf einen Österreicher übergehen wird. Denn es handelt sich nicht allein um einen Wettkampf zwischen zwei Menschen, sondern auch zwischen Wien und Berlin, den beiden wichtigsten Metropolen deutscher Kultur – auch schachlich. Die ersten fünf Partien haben in Wien stattgefunden, danach ist der Wettkampf nach Berlin umgezogen; zu Hause in Wien erwarten Schachenthusiasten ungeduldig telegraphische Nachrichten über die Partie ihres Vorkämpfers.

Diese zehnte Partie entwickelt sich ganz anders als die übrigen neun. Bislang standen ruhige Stellungen auf dem Brett, die von den Kontrahenten geduldiges Manövrieren erforderten. Nun aber kommt es zu einem wilden Schlagabtausch, bei dem beide Könige ihren schützenden Bauernwall verlieren und bedroht sind. Schlechter, mit Schwarz spielend, erlangt durch druckvolle Züge eine gute Stellung, kann mehrfach klaren Vorteil erlangen, greift dann aber zu einem zweifelhaften Opfer. Doch im 39. Zug könnte er das Remis erzwingen und den Wettkampf für sich entscheiden (Abb. 1).

Schwarz ist materiell leicht im Nachteil, doch von den weißen Figuren steht der Springer abseits, der Turm auf c8 ist ungedeckt, und der König ist den Schachgeboten der schwarzen Dame ausgesetzt. Nach 39… Dh2–h4+ hat Weiß nichts Besseres, als mit 40. Ke1–f1 Dh4–h1+ 41. Kf1–f2 Dh1–h2+ 42. Kf2–e1 Dh2–h4+ 43. Ke1–d2 Dh4–h2+ 44. Kd2–e1 Dh2–h4+ in die Zugwiederholung einzuwilligen. Versuche, davon abzuweichen, enden mit schwarzem Gewinn, 40. Tf3–g3 Dh4–h1+ 41. Ke1–d2 Tf4–f2+ oder 40. Ke1–d1 Dh4–h1+ 41. Kd1–e2 Tf4xf3 42. Dd3xf3 Sb5xd4+. Doch Schlechter wählt das falsche Feld für das Schachgebot und zieht schwächer 39… Dh2–h1+, dies gibt Lasker die Möglichkeit, mit dem Turm dazwischen zu ziehen und seine Königsstellung zu konsolidieren. Nach 40. Tf3–f1 Dh1–h4+ 41. Ke1–d2 Tf4xf1 42. Dd3xf1 Dh4xd4+ 43. Df1–d3 Dd4–f2 44. Kd2–d1 kommt Lasker in Vorteil, führt die Partie zum Sieg und verteidigt seinen Titel.

Die genannten Varianten sind für einen Spieler vom Kaliber Carl Schlechters problemlos zu berechnen, doch warum spielte er dann nicht 39… Dh2–h4+? Darüber ist in der Schachwelt oft und hitzig diskutiert worden. So wurde die Vermutung geäu-

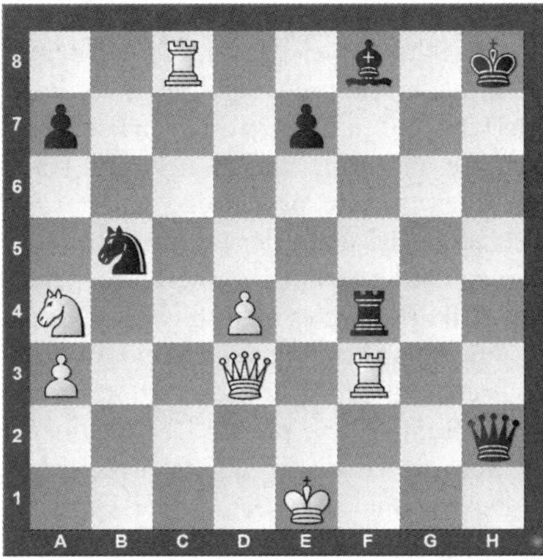

Abb. 1: Lasker – Schlechter, Weltmeisterschaftskampf 1910, 10. Partie. Stellung nach dem 39. Zug von Weiß

ßert, laut Reglement habe Schlechter das Match mit *zwei* Punkten Vorsprung gewinnen müssen, um den Weltmeistertitel zu erringen, und aus diesem Grund habe er jede zum Remis führende Variante vermieden. Doch für eine solche Regel, die in der Geschichte der Schachweltmeisterschaften ohne Parallele wäre, fehlen stichhaltige Belege. Eine literarische Verarbeitung des Matches und der letzten Partie hat Thomas Glavinic in seinem Erstlingswerk «Carl Haffners Liebe zum Unentschieden» (1998) vorgelegt. Glavinic, in seiner Jugend einer der stärksten österreichischen Spieler seiner Altersklasse, entwarf auf der Grundlage der Zeugnisse über Schlechters zurückhaltendes Auftreten das Psychogramm eines fast pathologisch bescheidenen Carl Schlechters, der die letzte Partie in glänzendem Stil gewinnen wollte, um des Weltmeistertitels würdig zu sein, und deshalb ganz gegen seine sonstige Gewohnheit scharf und riskant auf Sieg spielte.

Man benötigt solche Erklärungen nicht, um Schlechters Fehler zu verstehen. Schachspieler stehen während einer Partie unter permanentem starken Druck. Anders als ein Tennisspieler, der ein Match auch trotz einiger Fehler souverän gewinnen kann, muss beim Schachspieler jeder Zug gut sein, ein einziger Fehler kann eine bis dahin glänzend gespielte Partie ruinieren und zur Niederlage führen. In bedeutenden Partien ist der Druck noch höher, und ein Weltmeisterschaftskampf bedeutet für die Kontrahenten eine enorme psychische und auch körperliche Belastung. Schlechter ist nicht der einzige Großmeister, dem in einer entscheidenden Situation ein unerklärlicher Fehler unterlief. In seinem Fall aber hat es eine tragische Note, dass er den Titelgewinn um Haaresbreite verfehlte: Als professioneller Schachspieler verfügte er nicht über ein festes Einkommen, seine finanzielle Situation war prekär. Der Weltmeistertitel hätte ihm neben Ruhm und Ehre auch wirtschaftliche Möglichkeiten eröffnet, so aber musste er weiter von der Hand in den Mund leben. Der Erste Weltkrieg bedeutete einen weiteren Einbruch, denn die Unterstützung von Schachspielern durch wohlhabende Mäzene kam zum Erliegen. Schlechter hatte häufig nicht ausreichend Geld für Nahrung, er starb 1918 im Alter von nur 44 Jahren an einer verschleppten Lungenentzündung.

New York, 30. November 2016. Im Fulton Market Building im Süden Manhattans sitzen sich Magnus Carlsen und Sergei Karjakin zum Stechen um den Titel des Schachweltmeisters gegenüber. Wie einst Lasker ist auch diesmal der Titelträger als großer Favorit in den Wettkampf gegangen, der Norweger Carlsen trägt den Weltmeistertitel seit 2013 und steht bereits seit 2010 durchgängig an der Spitze der Weltrangliste. Sergei Karjakin gehört seit Jahren zur Weltspitze, dennoch war seine Qualifikation für den Titelkampf eine Überraschung gewesen. Als ein auf der Krim geborener Ukrainer, der 2009 zum russischen Verband übergetreten war und sich öffentlich für Präsident Putin und später auch für die russische Annexion der Krim ausgesprochen hatte, ist er für Moskau der ideale Repräsentant auf dem Feld des Schachsports, das lange Zeit eine russische Domäne gewesen war. Die Hoffnung darauf, die Schachkrone wieder nach Russland zu holen, macht den Weltmeisterschaftskampf aus russischer Perspektive zu einem auch politisch bedeutsamen Ereignis.

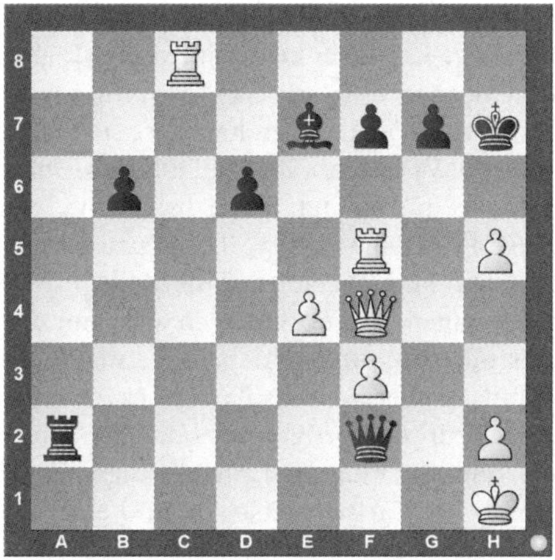

Abb. 2: Carlsen – Karjakin, Weltmeisterschaftskampf 2016, 4. Stichkampfpartie. Stellung nach dem 49. Zug von Schwarz

Wie 106 Jahre zuvor tut sich auch diesmal der Weltmeister schwer, denn Karjakins extrem defensive, auf Vermeidung jeglicher Risiken angelegte Matchstrategie trägt Früchte. Zwar gelingt es Carlsen in den ersten Partien des auf zwölf Partien angesetzten Wettkampfs mehrfach, durch sein überlegenes Positionsverständnis gewinnträchtige Stellungen zu erreichen, aber er scheitert immer wieder an Karjakins Verteidigungskünsten. So enden die ersten sieben Partien remis, und die achte Partie verliert der Weltmeister sogar, als ihm beim Spielen auf Gewinn das Gespür für eigene Gefahren abhandenkommt. Immerhin gleicht er mit einem Sieg in der zehnten Partie das Match aus, nach zwölf Partien steht es damit 6 : 6. Die Regel, dass der Weltmeister bei einem Unentschieden seinen Titel verteidigt, ist längst abgeschafft, und so muss jetzt ein Stichkampf entscheiden: vier Schnellpartien, bei denen jeder Spieler eine Bedenkzeit von 25 Minuten plus zehn Sekunden pro gespieltem Zug erhält. In diesen Schnellpartien setzt sich Carlsens Klasse durch; nach drei Partien führt er 2 : 1, und in der vierten Partie ergibt sich die oben gezeigte Stellung (Abb. 2).

Schwarz droht Matt mit Df2–f1 oder mit Df2–g2, und für das ungeübte Auge hat Weiß keine sinnvolle Möglichkeit, diese Drohungen abzuwehren. Doch Carlsen hat diese Stellung herbeigeführt, weil er längst gesehen hat, dass sie für Weiß gewonnen ist. Er spielt das Damenopfer 50. Df4–h6+, und gleichgültig wie Schwarz die Dame schlägt, im nächsten Zug folgt das Matt: 50… Kh7xh6 51. Tc8–h8# oder 50… g7xh6 51. Tf5xf7#.

Diesmal müssen keine Saaldiener die Züge auf Demonstrationsbretter übertragen, und es sind auch nicht nur die Zuschauer in einem überfüllten Raum live dabei. Diesmal verfolgen Millionen Schachfans in aller Welt die Partien im Internet. Mit einem zugeschalteten Computerprogramm oder den Livekommentaren starker Großmeister kannten auch sie die finale Mattkombination schon, bevor Carlsen sie spielte und einen eher zäh verlaufenen Wettkampf glanzvoll beendete.

Schachweltmeisterschaften sind große Ereignisse, für die Zeitgenossen und in der Rückschau. Die besten Spieler, die Tausende von Stellungen im Kopf haben und in Sekundenschnelle lange Zugfolgen berechnen können, gelten als Symbole für die Leistungsfähigkeit des menschlichen Gehirns. Aber ebenso auch für dessen Fehleranfälligkeit, denn bisweilen werden auch auf höchstem Niveau schwache Züge gemacht, was der Komplexität des Spiels, der nervlichen Anspannung und der Erschöpfung nach stundenlangem Kampf geschuldet ist. Schach ist, in der Begrifflichkeit der Spieltheorie, ein endliches Zwei-Personen-Nullsummenspiel mit perfekter Information ohne Zufallseinfluss. Es gibt keine Würfel oder ähnliche Glücksfaktoren und keine verdeckten Karten, die Stellung steht offen auf dem Brett. Es kommt allein auf die Spieler an, in welche Richtung sich die Partie entwickelt, ob sie in ruhigen positionellen Bahnen verläuft, in denen das allgemeine Positionsverständnis gefragt ist, oder sich ein taktisches Handgemenge ergibt, in dem eine Vielzahl von Varianten berechnet werden muss. Insbesondere wenn grundverschiedene Persönlichkeiten aufeinandertreffen – wie Lasker und Schlechter oder später Karpow und Kasparow – oder die Kontrahenten zu Vorkämpfern politischer Ansprüche stilisiert werden, erfahren die Duelle um die Schachkrone höchste Aufmerksamkeit. Der Wettkampf, den 1972 in Reykjavik Boris Spasski aus der Sowjetunion und der US-Amerikaner Bobby Fischer austrugen, war ein mediales Großereignis, da er in der Situation des Kalten Krieges zum Kampf der zwei Supermächte und ihrer Gesellschaftsentwürfe stilisiert wurde. Dabei fiel nicht ins Gewicht, dass die Kontrahenten alles andere als typische Vertreter des Kapitalismus und des Kommunismus waren, sondern vielmehr die Systeme ihrer Länder verabscheuten.

Politische Inanspruchnahme ist auch aus anderen Sportarten bekannt, und in der Tat ist Schach ein Sport. Es handelt sich um einen Wettkampf mit festen Regeln, die für alle Teilnehmer gleich sind. Es gibt neben den Weltmeisterschaften auch kontinentale und nationale Meisterschaften, es gibt neben Einzelwettbewerben auch Mannschaftswettbewerbe, organisiert in Ligen mit Auf- und Abstiegsregelungen. Professionelle Schachspieler trainieren täglich mehrere Stunden und richten wie andere Sportler ihre Lebensführung darauf aus, im Wettkampf Höchstleistungen vollbringen zu können. Und besonders stark ist beim Schach die von Hans Ulrich Gumbrecht als Merkmal des Spitzensports benannte «fokussierte Intensität» ausgeprägt, welche die Protagonisten während einer Partie alles Weltgeschehen jenseits der 64 Felder vergessen lässt. Schach ist folgerichtig als Sportart anerkannt, auch wenn das Moment der körperlichen Bewegung fehlt.

Schach ist aber weit mehr als ein Sport. Manche Meister betreiben Schach auch als Wissenschaft, indem sie sich über Wochen mit einer einzigen Stellung befassen, um die Wahrheit über diese herauszufinden, um nachzuweisen, dass Schwarz auf Gewinn steht oder dass Weiß mit präzisem Spiel ein Remis erreichen kann. Manche Partieanalysen ähneln in Ausführlichkeit und Tiefe wissenschaftlichen Aufsätzen, zu manchen Eröffnungsvarianten sind viele Regalmeter an Literatur geschrieben worden. Viele Spieler haben ihr Leben dem Studium des Schachs verschrieben, ohne seinen Geheimnissen jemals ganz auf den Grund zu kommen. Millionen Menschen hingegen spielen Schach einfach zum Vergnügen, ob in der Familie, mit Freunden, im Verein oder im Internet. Das Spiel ist auf der ganzen

Welt, in jeder Altersgruppe und in allen sozialen Schichten beliebt, es kann auf jedem Spielniveau und in jeder Umgebung Freude bereiten, ob in der strengen Stille von Turniersälen oder in fröhlich-geräuschvoller Atmosphäre. Die Regeln des Spiels sind einfach und für jeden in kurzer Zeit zu lernen, die Komplexität hingegen ist immens: Mathematiker schätzen die Anzahl möglicher Schachpartien auf 10^{120}, weit mehr als die Summe sämtlicher Atome im Universum. Ein volkstümliches Sprichwort bringt diese Vielschichtigkeit plakativ auf den Punkt: «Schach ist ein See, in dem eine Mücke baden und ein Elefant ertrinken kann.»

Manche sehen Schach jenseits von Sport, Spiel und Wissenschaft auch als eine Kunst an. Die Anzahl der Figuren ist beschränkt, geschlagene Figuren verlassen das Brett und kommen nicht wieder. Es kann also nicht wie bei vielen anderen Spielen darum gehen, Quantitäten aufzuhäufen, vielmehr müssen die vorhandenen Figuren so gut wie möglich zusammenwirken. Und wenn es gelingt, die Figuren zu vollkommener Harmonie zu führen, sei es durch effektvolle Kombinationen oder durch geduldiges Manövrieren, bereitet dies dem Kenner höchste ästhetische Befriedigung. Um es mit den Worten Marcel Duchamps zu sagen: «Durch meinen engen Kontakt mit Künstlern und Schachspielern bin ich zu dem persönlichen Schluss gekommen, dass zwar nicht alle Künstler Schachspieler, aber alle Schachspieler Künstler sind.» Allerdings benötigt der Schachspieler, will er ein Kunstwerk schaffen, stets auch einen Gegner, der sich daran beteiligt. Um dieses Hindernis zu umgehen, gibt es mit dem Problemschach eine eigene künstlerische Spielart des Schachs, bei der Stellungen entworfen werden, in denen es eine überraschende Mattführung oder einen versteckten Weg zum Remis gibt. Auch dafür gibt es regelmäßige Wettbewerbe, bei denen, ganz wie bei anderen Kunstpreisen auch, eine Jury Preise nach Ästhetik und Originalität vergibt.

Es ist diese Vielschichtigkeit des Schachspiels, die zu seiner globalen Popularität beiträgt und es zum bedeutendsten Spiel der Menschheitsgeschichte macht. Vor allem aber ist es der Typus des Schachmeisters, der die Phantasie angeregt hat. Schon bei Gottfried von Straßburg (frühes 13. Jahrhundert) vergisst der Titelheld Tristan über dem Schachspiel die Welt um sich herum; und im 20. Jahrhundert wurde der Schachspieler, der sich auf den 64 Feldern zurechtfindet, nicht jedoch im gesellschaftlichen Leben, zum Protagonisten mehrerer bedeutender literarischer Werke. Auch in Filmen begegnet man Schachmeistern häufig, hier jedoch zumeist in der Gestalt des überlegenen Strategen, der kalt und zynisch die Handlungen seiner Mitmenschen wie Schachzüge vorausberechnet. Und schließlich ist das Schachspiel, weil es als «Probierstein des Gehirns» (Goethe) gilt, ein wichtiger Referenzpunkt in brisanten gesellschaftlichen Debatten. Seit über Künstliche Intelligenz gesprochen wird, wird das Schachspiel als Indikator für die Leistungsfähigkeit und die Grenzen von Maschinen herangezogen. Schon im ausgehenden 18. Jahrhundert machte der «Schachtürke», ein angeblicher Schachautomat, Furore, ehe sein sehr menschliches Geheimnis entdeckt wurde. Als zum ersten Mal ein Schachweltmeister einen Wettkampf gegen einen Computer verlor, wurde dies in allen Medien als Meilenstein der technischen Entwicklung wahrgenommen, und seit das selbstlernende Programm AlphaZero innerhalb weniger Stunden die kulturelle Evolution des Schachspiels nachvollzog, wird über das Potenzial von Computern für komplexe Arbeitsprozesse anders diskutiert als zuvor. Nicht zuletzt bieten der Mangel an starken Schachspielerinnen und die Suche nach den Gründen dafür reichen Diskussionsstoff im Rahmen der Debatten über das Verhältnis der Geschlechter.

Trotz dieser vielfältigen Diskussionen um das Schachspiel sollte eins nicht vergessen werden: Schach ist im höchsten Maße abstrakt, es entzieht sich einer konkreten Anwendung und hat keinen direkten praktischen Nutzen. Der amerikanische Schriftsteller Raymond Chandler nannte Schach pointiert «die komplizierteste Vergeudung menschlicher Intelligenz, die sich außerhalb einer Werbeagentur nur finden lässt». Vielleicht hat aber gerade seine vermeintliche Nutzlosigkeit einen wesentlichen Anteil an der ungebrochenen Faszination des «königlichen Spiels».

2. Geschichte des Schachs

Ursprünge und Verbreitung

Der indische Herrscher Shihram war ein grausamer Tyrann, er lauschte gern dem Lob von Schmeichlern und achtete sein Volk gering. Da erfand ein weiser Brahmane das Schachspiel, um den Herrscher zu belehren, dass er allein, ohne die Unterstützung seiner Untertanen, nichts ausrichten könne; denn beim Schachspiel ist der König nur eine Figur von mehreren, zwar die wichtigste, aber nicht die stärkste. Der König verstand die Lektion und gewährte dankbar dem Brahmanen einen Wunsch. Dieser erbat sich lediglich Weizenkörner: für das erste Feld eines Schachbretts ein Korn, für das zweite zwei, für das dritte vier Körner und für alle weiteren jeweils das Doppelte des vorigen Feldes. Der König gewährte lachend diesen Wunsch, den er für bescheiden hielt, und erfuhr erst hinterher, dass alle Speicher seines Reiches nicht genug Getreide enthielten, um den Wunsch zu erfüllen. Der moralischen war eine mathematische Lektion gefolgt.

Dies ist eine bekannte Erzählung von der Erfindung des Schachspiels, aber nicht die einzige. In indischen, persischen, arabischen und europäischen Texten begegnen wir zahlreichen Legenden, wann, wo und aus welchem Anlass das Spiel erfunden wurde. Diese Legenden sagen mehr über die Vorstellungswelt ihrer Autoren aus als über die Anfänge des Schachs, und wenn man außerdem berücksichtigt, dass die heutigen Schachregeln das Ergebnis jahrhundertelanger Transformationsprozesse sind, so verliert die Suche nach dem einen Ursprung ihre Grundlage. Fakt ist, dass in Indien spätestens im 6. Jahrhundert unserer Zeitrechnung ein Spiel beliebt war, das Vorläufer der heutigen Schachfiguren benutzte: König, Wesir (Dame), Streitwagen (Türme), Elefanten (Läufer), Reiter (Springer) und Fußsoldaten (Bauern). Diese Figuren entsprechen der Gliederung einer indischen Armee und verweisen auf zwei Merkmale des Schachspiels: erstens auf seinen Charakter als abstrahierter Kampf zweier Heere, zweitens auf die Existenz unterschiedlicher Spielfiguren mit spezifischen Fähigkeiten. Die indischen Texte erwähnen neben dem Spiel für zwei Personen auch eine Variante für vier Personen, ohne dass geklärt werden kann, welche Version die ältere ist. Auch ist nicht eindeutig zu entscheiden, ob und wie lange das «chinesische Schach» Xiangqi und das «japanische Schach» Shōgi – beide werden bis heute in Turnierform gespielt – eine gemeinsame Entwicklungsgeschichte mit dem «europäischen Schach» teilen. Ein eindeutiger Vorläufer des Letzteren ist um 600 in Persien nachweisbar, dem die zentrale Rolle bei der Verbreitung des Spiels zukommt. Die persische Prägung des Spiels lässt sich auch heute noch an der Terminologie ablesen, so am Wort «Schach» selbst (= König) oder an «Roch» als Bezeichnung für den Turm (englisch «rook»; vgl. «Rochade»). Die Araber übernahmen das Spiel, als sie Persien eroberten, und durch sie gelangte Schach über das maurische Spanien und das Byzantinische Reich nach Europa.

Im Mittelalter genoss das Schachspiel ein hohes Ansehen, und zwar sowohl in den christlichen als auch in den islamischen Gesellschaften. Im Abendland wie im Orient galt es als edles, als aristokratisches Spiel und wurde vor allem an Fürstenhöfen gespielt. Der fünfte Kalif Harun al-Raschid, der von 786 bis 809 regierte, soll ein Liebhaber des Spiels gewesen sein, König Alfons X. von Kastilien (1221–1284) verfasste sogar eine Sammlung von Schachproblemen. In Gottfried von Straßburgs Versroman «Tristan» wird der Titelheld entführt, als er gerade in eine Schachpartie vertieft ist und nicht bemerkt, dass sein Schiff ausläuft. Auch mit Isolde spielt Tristan Schach, und das ist keine Ausnahme, denn hochgestellte Frauen spielen ebenso selbstverständlich Schach wie die Männer ihres Standes. Und gerade die Partien zwischen Männern und Frauen werden in Bildern und in Texten dargestellt: Ob in den «Märchen aus 1001 Nacht» oder im Minnesang, Schachpartien sind regelmäßig erotisch aufgeladen, etwa als Metapher für die Hochzeitsnacht. Auch das Motiv, ein Mann könne, von der Schönheit sei-

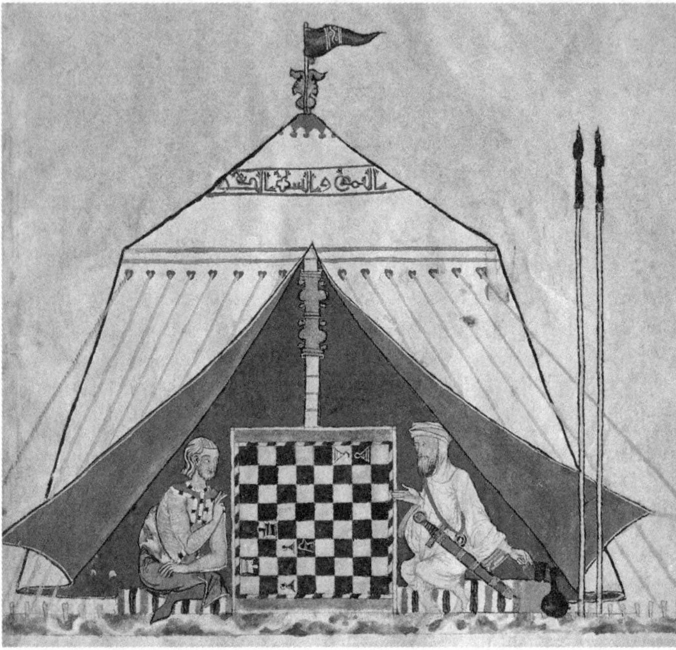

Abb. 3: Schachpartie zwischen einem Christen und einem Muslim. Miniatur aus dem «Buch der Spiele» Alfons' X. (1283)

ner Gegnerin verwirrt, sich nicht auf das Spiel konzentrieren, findet sich in christlichen wie in islamischen Texten.

Doch in beiden Religionen traten auch religiöse Eiferer auf den Plan, die im Schach eine gefährliche Leidenschaft sahen, die vom rechten Glauben abbringe. Auch erregte Anstoß, dass bisweilen um hohe Summen gespielt wurde. Christliche Konzile diskutierten über die Gefahren des Schachspiels, und manche Orden verbannten das Spiel aus ihren Klöstern. Auch einige islamische Geistliche verboten das Spiel, zuletzt der Ajatollah Chomeini im Jahre 1981. Und ganz allgemein war das Schachspiel moralisch aufgeladen: Anfang des 14. Jahrhunderts verfasste der italienische Dominikanermönch Jacobus de Cessolis ein Buch mit dem Titel «Liber de moribus hominum et officiis nobilium ac popularium super ludo scacchorum» («Buch über die Sitten der Menschen und die Pflichten der Vornehmen und Niederen, vom Schachspiel abgeleitet»), in dem er das Schachspiel und seine Figuren als Allegorien auf die Gesellschaft seiner Zeit verarbeitete. Das Werk war im Spätmittelalter ungeheuer populär, es ist in über hundert Handschriften erhalten.

Die Regeln, nach denen im Mittelalter Schach gespielt wurde, unterschieden sich von den heutigen in wichtigen Punkten, die entscheidende Modernisierung des Spiels fand erst Ende des 15. Jahrhunderts statt: Der Läufer, der zuvor nur einen diagonalen Doppelschritt machen durfte, bekam seine heutige Gangart und ebenso die Dame, die bis dahin lediglich ein Feld in diagonaler Richtung zog. Der Doppelschritt der Bauern aus der Grundstellung war bereits im Hochmittelalter eingeführt worden. Alle drei Regeländerungen verfolgten dasselbe Ziel: Die Entwicklung der Figuren sollte beschleunigt, brettumfassende Aktionen möglich gemacht, das ganze Spiel damit dynamischer gestaltet werden. Ort der Neuerung war Spanien, wo auch das erste Schachlehrbuch erschien, verfasst von Luis Ramírez de Lucena in Salamanca (1497). In der Folge wurden weitere Bücher gedruckt, die Eröffnungen, Musterpartien und komponierte Studien enthielten, führend waren im 16. und 17. Jahrhundert Italien und Spanien. Im 18. Jahrhundert hingegen gewann Frankreich an Bedeutung, insbesondere in Person von François-André Danican Philidor (1726–1795), der ein geachteter Opernkomponist war, aber auch als stärkster Schachspieler seiner Zeit galt. Sein Buch «L'analyse du jeu des échecs» von 1749 enthält Einsichten, welche die Grundlage für die moderne Schachstrategie bilden. Bahnbrechend ist insbesondere Philidors Satz, dass die Bauern «die Seele des Schachs» seien. Da Bauern die einzigen Figuren sind, die nicht rückwärts gezogen werden können, deren Züge somit irreversibel sind, bestimmen sie die Struktur der Stellung. Viele von Philidors Ausführungen zur Bauernführung, zu manchen Eröffnungen und zu Endspielen sind auch heute noch gültig.

Das 18. Jahrhundert sah auch die Erfindung der Schachgöttin Caissa, den Namen prägte der britische Indologe William Jones:

In einem 1763 veröffentlichten Gedicht ist Caissa eine Nymphe, die dem Liebeswerben des Kriegsgottes Mars widersteht, bis er sie schließlich in einer Schachpartie erobert. Doch während die Dame in der Frühen Neuzeit zur stärksten Figur auf dem Brett avancierte und das Spiel eine weibliche Schutzgottheit erhielt, es auf der symbolischen Ebene weiblicher wurde, wurde es in der gesellschaftlichen Realität zu einer Männerdomäne. Auf sozialer Ebene allerdings verbreiterte es seine Basis: Es war nun nicht mehr nur in adligen Kreisen, sondern seit dem 18. Jahrhundert im Bürgertum und seit dem 19. Jahrhundert auch in der Arbeiterklasse fest verwurzelt. Die Tageszeitungen begannen Schachspalten einzurichten, auch spezielle Schachzeitschriften erschienen. Schach wurde in Arbeiterkneipen ebenso gespielt wie in Bürgerhäusern und eleganten Cafés, und führende Marxisten, insbesondere Lenin, propagierten den Wert des Spiels, in dem auch ein kleiner Bauer zur stärksten Figur mutieren könne.

Die ersten Weltmeister: von Steinitz bis Aljechin

1851 fand in London das erste internationale Schachturnier statt, es markiert den Beginn des modernen Wettkampfschachs. Der Sieger, Adolf Anderssen aus Deutschland, und der Amerikaner Paul Morphy, der während einer Europareise 1858/59 Schachfreunde faszinierte, sind die Hauptvertreter des «romantischen Schachs», das auf Königsangriffe um jeden Preis, auch unter großen materiellen Opfern, abzielte; viele Kombinationen der «Romantiker» sind noch heute in Taktiklehrbüchern zu finden. Nationale und internationale Turniere nahmen an Häufigkeit zu, ebenso Zweikämpfe zwischen den stärksten Spielern, und schließlich beginnt mit Wilhelm Steinitz (1836–1900) die Reihe der offiziellen Weltmeister. Aus einer Prager Schneiderfamilie stammend, zog Steinitz mit 21 Jahren nach Wien, um am dortigen Polytechnikum Mathematik zu studieren. Häufiger zu finden war er allerdings in den Wiener Caféhäusern, wo er sich seinen Lebensunterhalt mit Schachspielen verdiente. Bald galt er als stärkster Spieler der österreichischen Metropole, zur damaligen Zeit eine der Hochburgen des Schachs. Doch Sponsoren waren rar, weshalb Steinitz nach London umzog, wo die finanziellen Bedingungen für ein Leben als professioneller Schachspieler und -publizist besser waren. 1866 siegte er in einem Wettkampf über Adolf Anderssen und galt seitdem als stärkster Spieler der Welt, ein Ruf, den er durch weitere Siege in Matches untermauerte, während er in Rundenturnieren häufig anderen den ersten Platz überlassen musste.

In jungen Jahren pflegte Steinitz – dem Stil der Zeit gemäß – «romantisches» Schach und zelebrierte bevorzugt scharfe Opferangriffe, doch nach einer gründlichen theoretischen Beschäftigung mit dem Spiel stellte er seine Herangehensweise um. Steinitz rückte, während die anderen Meister und die Öffentlichkeit ihre ganze Aufmerksamkeit auf konkrete Kombinationen richteten, statische Faktoren wie Läuferpaar und Felderschwächen in den Vordergrund und wurde damit zum Begründer des modernen Positionsspiels. Vorsicht und Prophylaxe, so lehrte er, seien der Schlüssel zu schachlichem Erfolg; erst wenn man kleine Vorteile angesammelt habe, solle man zum Angriff schreiten. Von manchen dafür als «Feigling» gebrandmarkt, war Steinitz seinerseits in der Wortwahl nicht wählerisch und schmähte seine Gegner mit scharfen Worten – seine Streitlust trug ihm ein Hausverbot in verschiedenen Londoner Clubs ein. Zeitweise zog er sich ganz vom aktiven Turnierbetrieb zurück und konzentrierte sich auf seine Publikationstätigkeit.

Nach Steinitz' Übersiedlung in die USA kam es dort 1886 zu einem bedeutsamen Wettkampf gegen einen anderen starken Meister, Johannes Hermann Zukertort. Solche Matches waren an sich nichts Ungewöhnliches, dieses aber enthielt die Abmachung, dass sich der Sieger «Weltmeister» nennen dürfe. Da Zukertort den von Steinitz kritisierten «Romantikern» angehörte und es zwischen beiden zu wechselseitigen Beleidigungen gekommen war, bedurfte es zäher Verhandlungen, damit der Wettkampf überhaupt zustande kam. Steinitz geriet zunächst in Rückstand, siegte dann aber schließlich deutlich mit 10:5 Siegen bei fünf Remispartien. In Ermangelung eines internationalen Schachverbands konnte es keine offizielle Legitimation des neuen Weltmeisters geben, doch in den folgenden Jahren siegte

Steinitz in mehreren Wettkämpfen, darunter zweimal gegen den starken russischen Meister Michail Tschigorin, so dass er allgemein als bester Schachspieler der Welt anerkannt wurde. Gegen Tschigorin spielte Steinitz 1890/91 auch noch ein weiteres, nicht als Weltmeisterschaftskampf gewertetes Match, nachdem zwischen ihnen eine Meinungsverschiedenheit über zwei Eröffnungsvarianten entbrannt war. Steinitz befand sich in New York, Tschigorin in Havanna, die Züge wurden per Telegraph übermittelt. Für Steinitz ging der Wettkampf schlecht aus: Nicht nur verlor er beide Partien und damit auch eine erhebliche Summe Geldes, sondern er musste auch einen Tag im Gefängnis verbringen, weil Mitarbeiter im New Yorker Postamt die Schachnotation für einen Geheimcode hielten und Steinitz – angesichts der politischen Spannungen zwischen den USA und Spanien in der Kuba-Frage – der Spionage verdächtigten. 1894 unterlag Steinitz klar gegen den jungen Emanuel Lasker, auch den Rückkampf verlor er. Sein körperlicher und seelischer Zustand verschlechterte sich nach dem Verlust des Weltmeistertitels rapide, er litt an Depressionen und Wahnvorstellungen. 1900 verstarb Wilhelm Steinitz in New York.

Emanuel Lasker (1868–1941) entstammte einer jüdischen Familie aus Neumark in Preußen. Früh erkannte man sein mathematisches Talent und schickte ihn im Alter von elf Jahren nach Berlin, wo sein älterer Bruder Bertold Medizin studierte und sein Onkel Eduard, ein bedeutender preußischer Politiker und Abgeordneter des Reichstags, ihn unterstützte. Durch Bertold lernte das Kind das Schachspiel kennen, das ihn nach Meinung seiner Eltern aber zu sehr von der Schule ablenkte, so dass sie ihn ins Gymnasium nach Landsberg an der Warthe (Gorzów Wielkopolski) schickten. Der Begeisterung für das Schach tat dieser Wechsel keinen Abbruch: Nach dem Abitur begann Lasker ein Mathematikstudium in Berlin, nahm jedoch auch mit Erfolg an Schachturnieren teil. Wie Steinitz zog er wegen der besseren Verdienstmöglichkeiten nach London, später in die USA um. Dort fand er potente Geldgeber, die Geld für einen Weltmeisterschaftskampf zur Verfügung stellten, und so forderte Lasker Steinitz zu einem Titelmatch heraus, obwohl er noch jung war und an Turniererfolgen hinter anderen Meistern dieser Zeit zurückstand. Der Wettkampf fand 1894 in den USA und Kanada statt und endete mit einem klaren Sieg Laskers (10:5 bei vier Remispartien).

Anfängliche Skepsis, ob er des Weltmeistertitels würdig sei, konnte Lasker überzeugend zerstreuen. Zahlreiche Turniersiege und Titelverteidigungen, darunter der eingangs geschilderte dramatische Wettkampf gegen Carl Schlechter in Wien und Berlin, untermauerten seine Stellung als weltbester Schachspieler. Lasker blieb 27 Jahre Weltmeister und stellte damit einen bis heute unerreichten Rekord auf, erst 1921 konnte ihn der Kubaner José Raúl Capablanca in Havanna bezwingen: Nach den ersten 14 Partien, von denen er keine gewonnen und vier verloren hatte, gab Lasker, dem mehrfach grobe Fehler unterlaufen waren und dem das tropische Klima zugesetzt hatte, das Match verloren. Jedoch bedeutete der Verlust des Weltmeistertitels nicht das Ende von Laskers Erfolgen, denn noch 1924 und 1925 landete er als Mittfünfziger bei starken Turnieren vor seinem Nachfolger auf dem Schachthron. Laskers Stil wurde von manchen Zeitgenossen als «psychologisch» beschrieben: Er habe bisweilen minderwertige Eröffnungen gewählt und absichtlich schlechte Züge gemacht, um bei seinen Gegnern Verwirrung zu stiften. Diese Charakterisierung Laskers ist bis heute verbreitet, doch sie lässt sich weder aus seinen Schriften noch aus seinen Partien eindeutig belegen. Seine Erfolge beruhten auf anderen Qualitäten, vor allem auf großer Zähigkeit, einem stark ausgeprägten Siegeswillen und taktischer Schlagfertigkeit in allen Partiephasen. Mehr als andere war Lasker in der Lage, seinen Gegnern auch in schlechten Positionen noch Schwierigkeiten zu bereiten, und so konnte er viele verloren geglaubte Partien noch zum Remis oder gar zum Sieg führen. Zudem kam ihm seine pragmatische Einstellung zugute, der Dogmatismus vieler anderer Meister seiner Zeit war ihm fremd.

Abseits des Schachbretts fand Lasker Zeit für wissenschaftliche Studien, 1900 wurde er in Erlangen im Fach Mathematik promoviert. Er lehrte an verschiedenen Universitäten in England und den USA, sein Streben nach einer festen Anstellung in der Wissenschaft scheiterte jedoch. Lasker war mit führenden Künstlern und Intellektuellen seiner Zeit befreundet, unter anderen mit Albert Einstein, sein Bruder Bertold war mit Else Lasker-Schüler verheiratet. Lasker entfaltete während seiner Schachlaufbahn und vor allem nach 1925, als er sich vom Turnierschach zurückgezogen hatte, eine reiche Publikationstätigkeit, zu seinen Werken gehören neben mathematischen Abhandlungen auch philosophische Schriften und ein Drama. In seinem Werk «Gesunder Menschenverstand im Schach» (erschienen zunächst 1895 auf Englisch) schrieb er gegen eine gekünstelte Herangehensweise am Schachbrett selbst und auch jenseits der 64 Felder an. Auch studierte er intensiv andere Strategiespiele, vor allem Bridge und Go, und erfand auch ein neues Brettspiel, das er unbescheiden «Laska» nannte.

Eine tiefe Zäsur bildete die Machtübernahme der Nationalsozialisten 1933. Lasker floh unter Aufgabe seines Vermögens zunächst in die Niederlande, dann nach London und Moskau. Aus materieller Not begann er wieder, Simultanvorstellungen zu geben und an Turnieren teilzunehmen. Und dies mit sensationellem Erfolg: Beim Weltklasseturnier 1935 in Moskau erreichte der 66-Jährige den dritten Platz! Angesichts des staatlichen Terrors in der Sowjetunion verließ Lasker 1937 das Land Richtung Amerika, 1941 starb er verarmt in New York.

Sein Nachfolger José Raúl Capablanca (1888–1942) war der Sohn eines wohlhabenden Kolonialbeamten in Havanna. Er erlernte das Spiel mit vier Jahren und entwickelte bereits als Kind eine große Spielstärke, so dass er im Alter von zwölf Jahren den kubanischen Landesmeister in einem Wettkampf besiegte. 1905 nahm er ein Studium an der Columbia University in New York auf, doch sein Fokus galt dem Schachspiel. Nachdem er in den USA zahlreiche Simultanvorstellungen gegeben und einige Turniererfolge errungen hatte, brach er 1911 zu einer Reise nach Europa auf. Gleich die erste Station, das mit vielen Weltklassespielern gespickte Turnier von San Sebastián, brachte den Durchbruch: Capablanca, von den Organisatoren nur mit Widerstreben zur Teilnahme zugelassen, gewann das Turnier und forderte danach Lasker zu einem Weltmeisterschaftskampf heraus, der aber an Laskers unerfüllbaren Bedingungen scheiterte. Capablanca erregte auch bei weiteren europäischen Turnieren durch seine Spielstärke, aber auch durch sein elegantes Auftreten beträchtliches Aufsehen, nicht zuletzt bei der Damenwelt, wovon zahlreiche Anekdoten berichten. Der Erste Weltkrieg machte seiner Europareise ein Ende, Capablanca kehrte nach Amerika zurück. Sein Diplomatenstatus, den die kubanische Regierung ihm 1913 verliehen hatte, ermöglichte es ihm, sich ohne materielle Sorgen auf das Schachspiel zu konzentrieren. 1921 schließlich kam es doch noch zum Wettkampf mit Lasker, der von Capablanca klar gewonnen wurde.

Das Spiel des Kubaners bestach durch seine Leichtigkeit. Capablanca bevorzugte einfache unkomplizierte Stellungen, in denen sich seine strategische Überlegenheit entfalten konnte. Denn mit sicherem Gespür erfasste er die wesentlichen Merkmale einer Stellung, Schwächen im Lager des Gegners, potenzielle Manöver und mögliche Gefahren für den eigenen König. Hinzu kam eine gnadenlose Präzision im Endspiel und eine geringe Fehlerquote: In seiner Karriere musste er nur 35 Niederlagen hinnehmen, zwischen 1916 und 1924 überhaupt keine. Allerdings nahm er nach dem Gewinn des Weltmeistertitels nur noch selten an Turnieren teil und setzte möglichen Herausforderern hohe Hürden für Weltmeisterschaftskämpfe, so dass es erst 1927 in Buenos Aires zu einer Titelverteidigung gegen den Russen Alexander Aljechin kam. Capablanca war klar favorisiert, da er zuvor keine Partie gegen Aljechin verloren hatte, doch er geriet gleich in der ersten Partie in Rückstand. In der Folge entwickelte sich ein zähes Ringen zwischen den beiden Koryphäen, bis Aljechin in der 34. Partie der notwendige sechste Sieg gelang, drei Partien hatte Capablanca gewonnen. Nach dem Verlust des Weltmeistertitels intensivierte Capablanca seine Turnierteilnahmen, um zu demonstrieren, dass er nach wie vor der weltbeste Spieler sei, und errang zahlreiche Erfolge, doch den geforderten Rückkampf gestattete ihm Aljechin nicht. 1942 erlitt Capablanca in einem Schachclub in New York einen Schlaganfall und starb am folgenden Tag.

Alexander Alexandrowitsch Aljechin (1892–1946) entstammte einer wohlhabenden russischen Adelsfamilie und genoss eine umfassende Bildung, zu der auch die Erlernung des Schachspiels gehörte. Doch für den jungen Aljechin war Schach nicht nur ein gesellschaftlich akzeptierter Zeitvertreib, sondern eine Leidenschaft. Aufgrund des Reichtums der Familie konnte er sich dem Schach ohne materielle Zwänge widmen, bereits mit 15 Jahren machte er bei Turnieren in Deutschland auf sich aufmerksam. Auch ein 1912 aufgenommenes Jurastudium in Sankt Petersburg hielt ihn nicht von Turnierteilnahmen ab; 1914 errang er einen großen Erfolg, als er bei einem starken Turnier hinter Lasker und Capablanca den dritten Platz erreichte. Im Sommer desselben Jahres reiste Aljechin zum Meisterturnier nach Mannheim, das traurige Berühmtheit erlangte, da während des Turniers der Erste Weltkrieg ausbrach. Aljechin, bei Abbruch in Führung liegend, wurde wie andere Spieler aus Nationen der deutschen Kriegsgegner interniert und erst nach einigen Wochen entlassen, weil er als untauglich für den Kriegsdienst eingestuft und daher nicht als potenzieller feindlicher Soldat angesehen wurde. Durch Krieg und Oktoberrevolution seiner materiellen Basis beraubt, nahm Aljechin verschiedene Aufgaben in der jungen Sowjetunion wahr, unter anderem fungierte der vielsprachige Schachspieler als Dolmetscher für die Komintern. Doch eine Zukunft sah er in seiner Heimat nicht, 1921 emigrierte er nach Frankreich, wo er 1925 die französische Staatsbürgerschaft erhielt. In den 1920er Jahren arbeitete Aljechin besessen an seinem Schach, reihte mit großem Erfolg Turnier an Turnier und veröffentlichte zahlreiche Partieanalysen in Artikeln und Büchern. Aljechin bevorzugte unübersichtliche Stellungen, in denen seine Stärken am besten zur Geltung kamen: sein Gespür für scharfe Königsangriffe und überraschende Kombinationen. Doch natürlich war Aljechin wie alle Weltmeister ein kompletter Spieler und beherrschte auch das langsame Manövrieren und «trockene» Endspiele.

1927 durfte Aljechin endlich zum Titelkampf gegen Capablanca antreten, den er im Mammutmatch von Buenos Aires bezwang. Als Weltmeister dominierte Aljechin in den folgenden Jahren die Turniere, an denen er teilnahm, allerdings ging er seinem Vorgänger aus dem Weg, nahm nur an Turnieren ohne den Kubaner teil und gewährte diesem auch keinen Rückkampf. Stattdessen verteidigte er seinen Titel zweimal klar gegen Efim Bogoljubow. 1935 unterlag er so überraschend wie knapp (14,5 : 15,5) dem Holländer Max Euwe (1901–1981), der damit zum fünften Weltmeister der Schachgeschichte wurde. Aljechin, der regelmäßig und viel trank, stand bei einigen Partien sichtbar unter Alkoholeinfluss, wie Zeitgenossen genüsslich berichteten. Euwe dagegen, dessen Titelgewinn eine Euphorie in den Niederlanden auslöste, die das Land bis heute zu einer Hochburg des Schachs macht, war in vieler Hinsicht das genaue Gegenbild zu Aljechin: Er war kein professioneller Schachspieler, sondern Mathematiklehrer, später Universitätsprofessor, seine Stärke war Disziplin und eine sorgfältige methodische Herangehensweise. Und im Gegensatz zu seinen Vorgängern gewährte er dem unterlegenen Gegner einen Rückkampf, den Aljechin 1937 – er hatte mit dem Trinken aufgehört – klar gewann (15,5 : 9,5). An die frühere Dominanz auf Turnieren konnte der Russe allerdings nicht mehr anknüpfen.

Als der Zweite Weltkrieg ausbrach und die deutschen Truppen den größten Teil Europas beherrschten, machte sich auch Aljechin die deutsche Sache zu eigen, wohl weniger aus Überzeugung als aus ungehemmtem Opportunismus. Im Gegensatz zu anderen Meistern spielte er Turniere in Deutschland und den besetzten Ländern, sein größter Förderer war Hans Frank, der berüchtigte Generalgouverneur des besetzten Polen. In Artikeln für deutsche Besatzungszeitungen griff Aljechin die Rassenideologie der Nationalsozialisten auf und stellte das feige «jüdische Schach» dem männlich-tapferen «arischen Schach» gegenüber: «Was ist eigentlich jüdisches Schach, der jüdische Schachgedanke? Diese Frage ist nicht schwer zu beantworten: 1. materieller Gewinn um jeden Preis, 2. Opportunismus – ein bis zum äussersten getriebener Opportunismus, der jeden Schatten einer möglichen Gefahr beseitigen will und infolgedessen eine Idee [...] zum Vorschein bringt: ‹Die Verteidigung an und für sich!› Mit dieser ‹Idee›, die ja in jeder Form des Kampfes letzten Endes einem Selbstmord gleichkommt, hat sich das jüdische

Schach [...] sein eigenes Grab gegraben» («Deutsche Zeitung in den Niederlanden», 23. März 1941). Den Juden Steinitz und Lasker sprach er Kreativität und tieferes Verständnis ab, ihre Erfolge seien allein ihrem Trickreichtum zu verdanken. Später behauptete Aljechin, die Artikel nicht selbst verfasst, sondern nur seinen Namen hergegeben zu haben, um sich und seine US-amerikanische Ehefrau zu schützen. Als sich die Niederlage Deutschlands abzeichnete, verließ Aljechin Ende 1943 Deutschland und ging nach Spanien, später nach Portugal, 1946 verstarb er unter ungeklärten Umständen in einem Hotelzimmer in Estoril. Generell ist vieles in seinem Leben ungeklärt, weil seine Selbstzeugnisse sich oftmals als unzuverlässig erwiesen. Beispielsweise konnte seine Behauptung, 1926 an der Sorbonne zum Doktor der Jurisprudenz promoviert worden zu sein, nicht durch Quellen belegt werden.

Sowjetische Dominanz: Schach nach dem Zweiten Weltkrieg

Das Vorrecht der Weltmeister, selbst über ihre Herausforderer bestimmen und die Bedingungen der Wettkämpfe diktieren zu können, war vielen Schachfreunden ein Dorn im Auge. Laskers Forderungen hatten mehrfach Wettkämpfe mit hochkarätigen Gegnern verhindert, Capablanca hatte sechs Jahre lang seinen Titel nicht verteidigt, Aljechin seinem Vorgänger, der von Turniersieg zu Turniersieg eilte, einen Rückkampf verwehrt. Ein transparentes Verfahren war schon lange gefordert worden, damit die Spielstärke, nicht diplomatisches Geschick und Zugang zu Geldgebern darüber entscheide, wer den Weltmeister zu einem Titelkampf herausfordern dürfe. Der Weltschachverband FIDE (Fédération Internationale des Échecs), 1924 in Paris gegründet, hatte die Schacholympiade ins Leben gerufen, Turniere für Ländermannschaften, die mit den Olympischen Spielen die völkerverbindende Idee, nicht jedoch das organisatorische Dach teilten. Doch ihr hauptsächliches Bestreben, die Weltmeisterschaftskämpfe unter ihre Kontrolle zu bekommen, hatte die FIDE nicht erreicht, da innerhalb der Organisation die Vorstellungen zu weit auseinander lagen und die Weltmeister nicht bereit waren, sich dem Verband unterzuordnen.

Die entscheidende Wende vollzog sich nach dem Zweiten Weltkrieg. Alexander Aljechin hatte sich durch seine Kollaboration mit den Deutschen diskreditiert, sein Tod machte den Weg für einen Neustart frei. 1948 organisierte die FIDE ein Turnier in Den Haag und Moskau, in dem fünf der weltbesten Spieler in fünf Durchgängen «jeder gegen jeden» den neuen Weltmeister ermittelten. Klarer Sieger mit 14 Punkten aus 20 Partien wurde Michail Moissejewitsch Botwinnik (1911–1995), der sich seit Mitte der 1930er Jahre als führender Spieler der schachlich aufstrebenden Sowjetunion etabliert und schon vor dem Ausbruch des Krieges als möglicher Herausforderer Aljechins gegolten hatte. Als Sohn eines wohlhabenden jüdischen Zahnarztes aufgewachsen, hatte er das Schachspiel als Zwölfjähriger und damit bedeutend später als andere Großmeister seiner Zeit gelernt. Seine große Stärke war die systematische Vorbereitung auf allen Ebenen: Botwinnik galt als gewissenhafter Analytiker der Eröffnungen, er versuchte sich auch gegen den bei manchen Turnieren herrschenden Lärmpegel und Tabakdunst abzuhärten, indem er beim Training laute Radiomusik laufen und sich mit Zigarettenrauch anblasen ließ. Er selbst lebte diszipliniert und steigerte seine Turnierhärte durch regelmäßigen Sport. Und schließlich besaß er die Fähigkeit, aus Niederlagen zu lernen und sich präzise auf die Stärken und Schwächen seiner Gegner einzustellen. Botwinnik gilt zu Recht als Vertreter der wissenschaftlichen Herangehensweise und eines systematischen Denkens, das er auch außerhalb des Schachbretts pflegte: Er war Elektrotechniker und fertigte als Weltmeister eine Doktorarbeit in diesem Fach an.

Die FIDE hatte einen dreijährigen Zyklus etabliert, in dem der Herausforderer des amtierenden Weltmeisters durch eine Serie von Qualifikationsturnieren ermittelt wurde. Zwei Vorrechte waren dem Weltmeister allerdings geblieben: Im Falle eines Unentschiedens behielt er seinen Titel, und bei einer Niederlage besaß er das Recht auf einen Rückkampf. Botwinnik nutzten diese Privilegien sehr: 1951 und 1954 behielt er seinen Titel jeweils durch 12:12-Unentschieden, 1957 und 1960 verlor er ihn, konnte ihn aber jeweils im Rückkampf zurückerobern. Bei der Vorbereitung der Rückkämpfe kamen seine analytischen Fähigkeiten besonders zum Tragen. Doch 1963 verlor er seinen Titel erneut, diesmal endgültig, da die FIDE das Rückkampfrecht inzwischen abgeschafft hatte. Bis 1970 spielte Botwinnik noch Turniere, zog sich dann aber vom aktiven Spielbetrieb zurück, um sich zwei anderen Projekten zu widmen. Das erste war die Entwicklung eines Schachcomputers, der nicht einfach alle möglichen Züge durchrechnen, sondern nur die sinnvollen in Betracht ziehen, also gleichsam eine Vorauswahl treffen sollte wie ein Mensch. Das zweite Projekt bestand im Aufbau einer Schachschule: Schachtalente aus der ganzen Sowjetunion versammelten sich unter seiner Ägide mehrfach im Jahr zu Lehrgängen, in denen die individuellen Stärken und Schwächen der Schüler herausgearbeitet wurden. Jeder von ihnen erhielt anschließend einen persönlich zugeschnittenen Lehrplan für die weitere Arbeit zu Hause. Aus der «Botwinnik-Schule», die nicht die einzige, aber die erfolgreichste Schachschule der Sowjetunion war, gingen mehrere Weltmeister hervor. Botwinnik, der sich als Schachspieler wie als Ingenieur im Dienst seines Landes sah und gute Kontakte zur Staatsführung besaß, leistete damit einen wesentlichen Beitrag zur imposanten Erfolgsbilanz der UdSSR im Schach: Ihre Mannschaft siegte regelmäßig bei Schacholympiaden, und mit der Ausnahme von Bobby Fischer hatten von 1948 bis 1993 sämtliche Weltmeister und sämtliche Herausforderer ihre schachliche Ausbildung in der Sowjetunion absolviert.

Neben der systematischen Nachwuchsförderung trugen auch andere Faktoren zu diesen Erfolgen bei. Zu nennen ist einmal die tiefe Verwurzelung des Schachspiels in der russischen Kultur: Viele führende Schriftsteller, allen voran Lew Tolstoi, waren leidenschaftliche Spieler und bauten schachliche Referenzen in ihre Werke ein. Berücksichtigt werden muss daneben der selbstverstärkende Effekt, der auch bei anderen Sportarten zu beobachten ist. Gibt es Landsleute in der Weltspitze, fungieren sie als Vorbilder für den Nachwuchs und steigern die Attraktivität einer Sportart. In der Sowjetunion gab es in den 1970er Jahren bis zu vier Millionen aktive Schachspieler – ein riesiges Potenzial, aus dem die Talentförderer schöpfen konnten. Und nicht zuletzt kam der Kalte Krieg dem Schach in der Sowjetunion zugute, denn das Spiel galt als eines derjenigen Konkurrenzfelder, auf denen die Überlegenheit des kommunistischen Systems bewiesen werden sollte. Die Spitzenspieler wurden entsprechend gefördert, sie erhielten ein festes Einkommen, hatten die Möglichkeit zu Auslandsreisen und wurden mit hohen Ehrungen und Auszeichnungen bedacht. Doch wegen ihrer Bedeutung für das System unterlagen sie andererseits auch einer strengen Beobachtung, und es entschied nicht nur die Spielstärke, sondern auch die politische Linientreue darüber, wer zu internationalen Turnieren reisen durfte. Dies darf jedoch nicht zur vereinfachten Vorstellung führen, dass es sich bei den sowjetischen Spitzenspielern um «genormte Schachautomaten» gehandelt habe, vielmehr zeichnete sich das sowjetische Schach durch eine Vielfalt an Stilen und Persönlichkeiten aus. Wassili Wassiljewitsch Smyslow (1921–2010) aus Moskau, der Botwinnik für ein Jahr (1957/58) den Weltmeistertitel entreißen konnte, zeichnete sich vor allem durch sein Harmoniegefühl aus – er war auch ein ausgebildeter Bariton, der seine Stimme auf zahlreichen Schallplatten und in Konzerten erklingen ließ. Besonders im Endspiel kam diese Stärke zum Tragen, und sie erwies sich als sehr dauerhaft. Noch mit 62 Jahren erreichte Smyslow das Finale des Kandidatenturniers, und selbst zehn Jahre später nahm er an starken Großmeisterturnieren teil.

Eine solch lange Karriere war Michail Nechemjewitsch Tal (1936–1992) aus Riga nicht beschieden. Nach einer entbehrungsreichen Kindheit – er entstammte einer jüdischen Familie, die 1941 beim Vormarsch der deutschen Wehrmacht unter Verlust ihres Vermögens in den Ural geflohen war – stieg er mit Anfang 20 kometenhaft in die Weltspitze auf. 1957 und 1958 gewann er die Meisterschaft der UdSSR, eines der stärksten und härtesten Turniere des Schachjahres, und 1959 auch das Kandidatenturnier. Den anschließenden Weltmeisterschaftskampf gegen Botwinnik gewann er klar (12,5 : 8,5) und war mit 23 Jahren der bis dahin jüngste Weltmeister der Schachgeschichte. Tal war durch sein freundliches und bescheidenes Auftreten allseits beliebt, als Gegner am Schachbrett aber gefürchtet wie kein anderer Zeitgenosse. Sein Markenzeichen waren spekulative Opfer, die nicht direkt in einen gefährlichen Angriff mündeten, sondern eher langfristige Perspektiven eröffneten. In unklaren asymmetrischen Stellungen, in denen man sich schwer an Vorgängerpartien orientieren konnte, fühlte er sich am wohlsten. Von ihm stammt der selbstironische Ausspruch «Es gibt zwei Arten von Opfern: korrekte und meine», womit er auf den spekulativen Charakter seines Spiels hinwies. Allerdings konnten tiefe Analysen zeigen, dass Tals bisweilen bizarr anmutende Spielführung fast immer den Erfordernissen der Stellung entsprach. Eine lange Dominanz auf dem Weltmeisterthron, wie viele 1960 erwartet hatten, war Tal dennoch nicht beschieden, bereits ein Jahr später verlor er den Titel wieder im Rückkampf. In diesem Match und in der Folgezeit machten sich seine gesundheitlichen Probleme bemerkbar: Tal war nierenkrank, was sich durch seinen hohen Alkohol- und Tabakkonsum verschlimmerte. Seine Formschwankungen verhinderten, dass er sich noch einmal für einen Titelkampf qualifizierte, aber in guten Phasen feierte er weiterhin große Turniererfolge. So gewann er 1988, bereits schwer von seiner Krankheit gezeichnet, die erste offizielle Weltmeisterschaft im Blitzschach. Vier Jahre später erlag er seinem Nierenleiden.

Der Armenier Tigran Petrosjan (1929–1984) pflegte einen ganz anderen Stil: Er war der Meister des geduldigen Lavierens, des vorsichtigen Anhäufens kleinster Vorteile. Aufgrund seiner vorsichtigen Spielanlage und seiner Verteidigungskunst verlor er nur sehr selten eine Partie, andererseits war seine Remisquote so hoch, dass er bei Rundenturnieren zumeist nicht ganz vorne landete. Doch in Matches kamen seine Fähigkeiten voll zur Geltung, und so gelang es ihm 1963, Botwinnik vom Thron zu stoßen. In der Schachwelt hat Petrosjan geringeren Eindruck hinterlassen als andere Weltmeister, aber in Armenien wurde er zum Volkshelden, wovon zahlreiche Straßennamen und Monumente zeugen. Ähnlich wie Euwe in Holland löste Petrosjan in seinem Land eine nachhaltige nationale Schacheuphorie aus.

Schach im Zeichen des Kalten Krieges: Spasski gegen Fischer 1972

Sein Nachfolger wurde Boris Wassiljewitsch Spasski (* 1937 in Leningrad), dessen herausragendes Schachtalent früh erkannt worden war. Bereits als Kind bekam er einen Trainer und ein monatliches Stipendium gestellt, und noch als Teenager errang er erste nationale und internationale Erfolge. Schon in jungen Jahren war sein universeller Stil sichtbar, Spasski war in allen Partiephasen und in unterschiedlichen Stellungstypen gleichermaßen versiert. Bis zum Durchbruch an die Spitze vergingen jedoch noch einige Jahre: 1966 qualifizierte er sich erstmals in den Ausscheidungswettkämpfen für das Titelmatch, unterlag in diesem Petrosjan jedoch knapp (11,5 : 12,5). Drei Jahre später ging Spasski wieder siegreich aus dem Qualifikationsmarathon hervor, und diesmal konnte er auch Petrosjan schlagen (12,5 : 10,5). Seine Regentschaft auf dem Schachthron sollte jedoch nicht lange dauern, drei Jahre später unterlag er dem US-Amerikaner Bobby Fischer im legendären Match von Reykjavik. Neben der Stärke Fischers waren dafür zwei Gründe ausschlaggebend: Erstens neigte Spasski zur Faulheit. Die systematische Arbeit vieler Kollegen war ihm fremd, insbesondere die minutiöse Analyse von Eröffnungsfeinheiten; dies führte dazu, dass er häufig kritische Varianten mied und auf bescheidenere Eröffnungen auswich. Zweitens erhielt Spasski bei der Vorbereitung und während des Matches gegen Fischer zwar die Unterstützung starker sowjetischer Großmeister, doch die Rolle als Repräsentant der UdSSR behagte ihm nicht, da er den Kommunismus verachtete. Als Weltmeister und nach dem Verlust seines Titels geriet er mehrfach in Konflikt mit führenden Parteifunktionären, bis er 1976 nach Frankreich übersiedelte und bald darauf auch die französische Staatsbürgerschaft annahm. Seine Spielstärke war nach wie vor groß, auch wenn er, der sich selbst als «faulen russischen Bären» bezeichnete, in vielen seiner Partien frühzeitig Remis anbot. Die Gegner waren gut beraten, es anzunehmen, denn wenn er gereizt wurde, blieb der «Bär» in aller Regel siegreich.

Robert James Fischer (1943–2008) ist der berühmt-berüchtigste aller bisherigen Weltmeister, er gilt bis heute als Paradebeispiel für das gängige Klischee eines Schachspielers «zwischen Genie und Wahnsinn». Aufgewachsen bei seiner alleinerziehenden Mutter, einer gebürtigen Schweizerin, die in der UdSSR studiert hatte, erlernte er Schach von seiner älteren Schwester und war bald besessen von dem Spiel. Mit 13 Jahren fiel er erstmals durch eine Glanzpartie auf, die noch heute ein Klassiker in Schachlehrbüchern ist, mit 14 gewann er erstmals das US-Championat, mit 15 erlangte er als bis dahin jüngster Spieler den Großmeistertitel. Fischer verließ die Schule, um sich ganz auf seine Schachkarriere zu konzentrieren, und lernte Russisch, um die reiche Schachliteratur in dieser Sprache lesen zu können. Beim Kandidatenturnier 1962 in Curaçao, das mit acht Teilnehmern in vier Durchgängen ausgespielt wurde, galt er als einer der Favoriten, landete jedoch hinter drei sowjetischen Großmeistern nur auf Platz vier. Fischer beschuldigte diese, untereinander einen «Nichtangriffspakt» geschlossen und jeweils Kurzremisen vereinbart zu haben, um Kräfte zu sparen, ein Vorwurf, der später bestätigt wurde. Als Konsequenz veränderte die FIDE den Qualifikationsmodus zur Ermittlung des Herausforderers und ersetzte das Rundenturnier durch K.-o.-Matches.

Auch in den folgenden Jahren kam Fischer einem Titelmatch nicht näher. Den folgenden der dreijährigen Qualifikationszyklen ließ er aus, beim übernächsten reiste er – in Führung liegend! – vom Interzonenturnier vorzeitig ab, weil er sich mit den Organisatoren überworfen hatte. Erst 1970 nahm er das Ziel Weltmeisterschaft konsequent in Angriff. Beim Interzonenturnier 1970 in Palma de Mallorca siegte er mit großem Vorsprung, und in den anschließenden Kandidatenwettkämpfen deklassierte er seine Gegner: Der sowjetische Großmeister Mark Taimanow wurde mit dem unglaublichen Ergebnis von 6 : 0 abgefertigt, und mit demselben vernichtenden Ergebnis schlug Fischer auch den sehr starken Dänen Bent Larsen. Das Kandidatenfinale gegen Petrosjan verlief zunächst ausgeglichen, nach fünf Partien stand es 2,5 : 2,5. Doch dann gelangen Fischer gegen den für seine Zähigkeit und seine Verteidigungskünste berühmten

Armenier vier Siege in Folge, und er stand als Herausforderer Spasskis fest. Niemals zuvor oder danach hat ein Spieler eine WM-Qualifikation so dominiert wie Bobby Fischer. Seine Stärke beruhte vor allem auf höchst präziser Variantenberechnung und der kompromisslosen Konsequenz, mit der er seine strategischen Pläne am Brett verwirklichte.

Das Match zwischen Spasski und Fischer, das 1972 in Reykjavik ausgetragen wurde, erwartete die Schachwelt mit großer Spannung. Bislang hatte der Weltmeister den Herausforderer dominiert, von den bisherigen Partien hatte Spasski drei gewonnen und zwei remisiert, doch mit seinem Durchmarsch in den Kandidatenwettkämpfen hatte Fischer bewiesen, welch gefährlicher Gegner er war. Dass der Wettkampf weltweit in den Schlagzeilen war und Schach einen ungeheuren Popularitätsschub erlebte, lag allerdings auch an der politischen Brisanz. Zum ersten Mal seit dem Zweiten Weltkrieg war ein Weltmeisterschaftsmatch keine innersowjetische Angelegenheit, damit drohte die UdSSR den Titel zu verlieren, dessen Besitz für ihre politische Führung enorme Bedeutung besaß. Umso schlimmer war der Umstand, dass der Herausforderer ein US-Amerikaner und damit Angehöriger der konkurrierenden Supermacht war. Um Spasski zu helfen, wurde die geballte sowjetische Schachkompetenz mobilisiert: Führende Großmeister wurden aufgefordert, Fischers Partien genau unter die Lupe zu nehmen und Dossiers über dessen Stärken und Schwächen anzufertigen.

Doch fast wäre der Wettkampf zu Ende gewesen, bevor er überhaupt angefangen hatte. Fischer hatte sich schon früher vehement für höhere Preisgelder eingesetzt, was je nach Perspektive als Geldgier und Exzentrik oder als berechtigter Einsatz für die Rechte von Schachprofis betrachtet wurde. Auch beim WM-Kampf von 1972 sah er den Preisfonds als zu niedrig an, obwohl dieser mit 125 000 Dollar alle damals bekannten Dimensionen sprengte. Auch ein Anruf von Henry Kissinger, dem Nationalen Sicherheitsberater des US-Präsidenten, hatte ihn nicht umstimmen können, zum geplanten Wettkampfbeginn am 2. Juli war Fischer noch nicht einmal nach Island geflogen. Erst in letzter Minute rettete ein britischer Bankier das Match, indem er den Preisfonds verdoppelte. Fischer reiste nach Reykjavik, nach einigen diplomatischen Geplänkeln zwischen beiden Lagern konnte der Wettkampf am 11. Juli beginnen. In der ersten Partie brachte sich Fischer in einem ausgeglichenen Endspiel durch ein bizarres Läuferopfer in Schwierigkeiten und verlor. Anschließend beschwerte er sich über die Geräusche der im Turniersaal installierten Kameras und verlangte deren Demontage. Als dies nicht geschah, blieb er der zweiten Partie fern, Spasski ging damit 2:0 in Führung. Kurz vor Beginn der dritten Partie schlug Fischer vor, in einen Nebenraum auszuweichen. In dieser Situation – wie auch schon im Vorfeld – wäre es für Spasski ein Leichtes gewesen, den Titelkampf platzen zu lassen, und die sportpolitische Führung der UdSSR forderte dies von ihm. Doch Spasski setzte sich darüber hinweg und nahm Fischers Vorschlag an; ganz fairer Sportsmann, wollte er seinen Titel am Brett und nicht am grünen Tisch verteidigen. Ungeachtet aller politischen Nervosität im Umfeld und Fischers bisweilen exzentrischen Auftretens war das Verhältnis der beiden Koryphäen von Fairness und wechselseitigem Respekt geprägt.

Allerdings konnte Spasski seine Stärken in Reykjavik nicht voll zur Geltung bringen. Die dritte Partie spielte er äußerst schwach und verlor chancenlos, obwohl er Weiß hatte. Damit ging die psychologische Initiative auf Fischer über und mit Siegen in der fünften und sechsten Partie auch die Führung im Match. Von sowjetischer Seite wurde ein Nebenkriegsschauplatz eröffnet, indem der Grund für Spasskis Schwäche in einer geheimnisvollen Strahlung vermutet wurde, doch eine Untersuchung des Turniersaals inklusive Fischers Drehsessels brachte keine Funde außer zwei toten Fliegen. Nach 13 Partien führte Fischer mit 8 : 5, in den folgenden sieben Partien gelang es Spasski nicht, Stellungsvorteile zu einem Sieg zu verdichten, und mit jedem Remis kam Fischer dem Titel ein Stück näher. Den Schlusspunkt setzte er mit einem Sieg in der 21. Partie zum Endstand von 12,5:8,5 – Fischer war der elfte Weltmeister der Schachgeschichte.

Was damals niemand ahnte: Dieser Höhepunkt war zugleich das Ende seiner Schachkarriere, Bobby Fischer sollte bis zu seinem Lebensende keine reguläre Turnierpartie mehr spielen. Als 1975 turnusgemäß das nächste Titelmatch anstand, für das sich der junge Russe Anatoli Karpow qualifiziert hatte, schickte Fischer der FIDE einen Katalog mit 179 Forderungen. Geld war diesmal nicht das Problem, denn für den Wettkampf, der in Manila auf den Philippinen stattfinden sollte, war eine hohe Börse ausgesetzt worden. Problematisch war vielmehr Fischers Forderung, auf zehn Gewinnpartien zu spielen, wobei er bei einem Stand von 9 : 9 Siegen seinen Weltmeistertitel behalten solle. Darauf ging die FIDE nicht ein, denn erstens hätten die Wettkämpfe zeitlich ausufern können, während sie bis dahin auf 24 Partien begrenzt waren, und zweitens hätte Karpow mit mindestens zwei Gewinnpartien Vorsprung siegen müssen, um den Titel zu erringen – eine zu starke Benachteiligung des Herausforderers. Als Fischers Forderung abgelehnt wurde, verzichtete er auf den Wettkampf, der Titel wurde ihm kampflos aberkannt. In der Folge lebte Fischer zurückgezogen teils in Kalifornien, teils in Budapest, 1990 auch einige Monate in einem unter Schachspielern bekannten Gasthof in Franken, wo er mit deutschen Großmeistern zusammentraf.

1992 kam es zu einem spektakulären Comeback. Eine junge Ungarin, mit der Fischer eine kurze Affäre hatte, überredete ihn zu einem erneuten Match gegen Boris Spasski, ein Mäzen aus Belgrad finanzierte eine Börse von 5 Millionen Dollar. Der Wettkampf wurde von den Spielern und Organisatoren als «Weltmeisterschaft» tituliert, als Revanche für Reykjavik, doch de facto handelte es sich um einen Showkampf, und das Niveau der Partien war bescheiden. Fischer siegte 17,5 : 12,5 und war damit – wie auch Spasski – finanziell saniert; der Wettkampf hatte jedoch politische Konsequenzen, denn er war in Serbien ausgetragen worden, Fischer hatte somit gegen die US-amerikanischen Sanktionen gegen das Land verstoßen. Eine Rückkehr in die USA war ihm nicht mehr möglich. Er wechselte mehrfach den Wohnort, am 11. September 2001 gab er einem philippinischen Radiosender ein Interview, in dem er die islamistischen Terroranschläge begrüßte. Sein Weltbild war zunehmend von Hass gegen die USA und von Antisemitismus geprägt, den Holocaust leugnete er. 2004 wurde er auf Betreiben der US-Regierung in Japan festgenommen, doch seine Lebensgefährtin, eine Funktionärin des japanischen Schachverbandes, organisierte internationale Unterstützung. Beistand erhielt Fischer auch von seinem großen Rivalen Boris Spasski, der einen Brief an den amerikanischen Präsidenten George W. Bush verfasste und um Gnade für Bobby Fischer bat. Wenn dies nicht möglich sei, so schrieb Spasski, «[…] bestrafen Sie auch mich. Sperren Sie mich ein. In dieselbe Zelle wie Fischer. Und geben Sie uns ein Schachbrett!» Japan lieferte Fischer nicht an die USA aus, und 2005 erklärte sich schließlich Island bereit, Fischer Asyl zu gewähren. Im Land seines größten Triumphes verbrachte Fischer seine letzten Jahre. 2008 wurde er aufgrund eines Nierenversagens in ein Krankenhaus in Reykjavik eingeliefert und starb, da der paranoide Fischer eine Dialyse verweigerte.

Bei allen Abwegen, auf die Fischer im Verlaufe seines Lebens geraten war: Wenn Fischer sich mit Schach befasste, hatten seine Gedanken Hand und Fuß, und das nicht nur, wenn er selbst spielte. So machte er zwei zukunftsweisende Erfindungen: Um extreme Zeitnot zu verhindern, entwickelte er eine elektronische Schachuhr, die den Spielern nicht nur eine bestimmte Menge Zeit für eine bestimmte Anzahl von Zügen zuweist, sondern pro Zug einen Zeitbonus gewährt. Heute sind solche Uhren Standard in allen wichtigen Turnieren und Ligen. Außerdem entwickelte er das Fischer-Random-Schach, bei dem die Grundstellung ausgelost wird. Der Zweck dieser Spielart ist es, die überbordende Eröffnungsvorbereitung zu vermeiden und die Entscheidung einer Schachpartie von der Heimanalyse auf die Partie selbst zu verlagern. Heute hat sich diese Idee unter dem Namen «Schach960» (der Name rührt von den 960 möglichen Grundstellungen her) etabliert und findet auf allen Niveaus zunehmend Anklang.

Epische Duelle der drei großen «K»: Karpow, Kortschnoi, Kasparow

Fischers Nachfolger als Weltmeister wurde Anatoli Jewgenjewitsch Karpow, 1951 im südlichen Ural geboren. Er hatte als Kind und Jugendlicher das Förderprogramm der Botwinnik-Schule durchlaufen, obwohl er zunächst vom alten Meister unterschätzt wurde, und war rasch in die Weltspitze aufgestiegen: 1969 gewann Karpow die Jugendweltmeisterschaft, 1970 wurde ihm der Großmeistertitel verliehen, und in den Kandidatenmatches von 1974 setzte er sich als der neue Hoffnungsträger der Sowjetunion durch, das Finale entschied er gegen seinen Landsmann Viktor Kortschnoi knapp mit 12,5 : 11,5 für sich. Nachdem Fischer zum Titelkampf 1975 nicht angetreten war und ein letztes Ultimatum hatte verstreichen lassen, wurde Karpow von der FIDE am grünen Tisch zum Weltmeister erklärt, ein Novum in der Geschichte des Schachs. Insbesondere im Westen glaubten viele, dass Fischer, wenn er nur angetreten wäre, den schmächtigen jungen Russen am Brett vernichtet hätte. Angesichts von Karpows Spielstärke war dies eine unberechtigte Spekulation, und wer daran zweifelte, dass der neue Weltmeister des Titels überhaupt würdig sei, wurde bald eines Besseren belehrt. Denn anders als viele seiner Vorgänger, die sich nur sporadisch der Konkurrenz gestellt hatten, nahm Karpow an zahlreichen Turnieren gegen stärkste Gegnerschaft teil und gewann die meisten von ihnen – das Ideal des «spielenden Weltmeisters» verkörperte er besser als alle seine Vorgänger. Stilistisch ähnelte er Capablanca, sein erstes Schachbuch war eine Partiensammlung des Kubaners gewesen: Obwohl auch bei taktischen Handgemengen sehr beschlagen, bevorzugte Karpow ruhige Stellungen, in denen sich sein Stellungsgefühl am besten entfaltete. Er akkumulierte in geduldigen Manövern kleine Vorteile, die er mit großer Präzision verwertete. Führend war er auch in der Eröffnungsvorbereitung, wobei er freilich von der Unterstützung durch andere sowjetische Großmeister profitierte.

1978 stand die erste Titelverteidigung an, und zwar gegen

Viktor Kortschnoi, der in den Kandidatenwettkämpfen die Exweltmeister Petrosjan und Spasski ausgeschaltet hatte. Das Weltmeisterschaftsmatch, das in Baguio City auf den Philippinen ausgetragen wurde, schlug politisch hohe Wellen, denn Kortschnoi hatte sich bei einem Turnier in den Niederlanden in den Westen abgesetzt und in der Schweiz eine neue Heimat gefunden. Hier das linientreue Aushängeschild des Breschnew-Regimes, dort der Dissident, dessen Frau und Tochter in der UdSSR festgehalten wurden: Dieses Duell war politisch noch brisanter als der Titelkampf zwischen Spasski und Fischer sechs Jahre zuvor, und diesmal kam erschwerend hinzu, dass das Verhältnis der schachlichen Gegner anders als in Reykjavik nicht von Respekt, sondern von offener Animosität geprägt war. Die Ausgangsposition war für beide gleich, denn die FIDE hatte den Modus geändert. Waren die Wettkämpfe bis dahin auf 24 Partien begrenzt gewesen – im Falle eines 12:12-Unentschiedens behielt der Weltmeister seinen Titel –, so mussten nun sechs Partien gewonnen werden, um das Match für sich zu entscheiden. Damit war die Bevorzugung des amtierenden Weltmeisters abgeschafft.

Von Anfang an wurde der Wettkampf auch auf Nebenschauplätzen abseits des Brettes geführt. Kortschnoi hätte gerne unter Schweizer Flagge gespielt, doch dies wurde von der sowjetischen Delegation unterbunden. Skurril mutet die Joghurt-Affäre an: Kortschnoi protestierte dagegen, dass Karpow während der Partie Joghurt gereicht wurde, da Zeitpunkt der Übergabe und Geschmacksrichtung geheime Botschaften seines Teams übermitteln könnten. Nach einigen Verhandlungen urteilte der Schiedsrichter, dass Karpow nach wie vor Joghurt bekommen dürfe, aber vor der Partie genau festgelegt werden müsse, zu welchem Zeitpunkt er welchen Joghurt erhalte. Ein anderes Konfliktfeld waren die Einflüsse aus dem Publikum, da ein Parapsychologe aus Karpows Team, in der ersten Reihe sitzend, Kortschnoi fixierte und nach dessen Meinung zu hypnotisieren versuchte. Kortschnoi, der selbst Unterstützung in zwei meditierenden Gurus der Ananda-Marga-Organisation fand, schützte sich dagegen mit einer verspiegelten Sonnenbrille, was wiederum Karpow den Anlass bot, vor der achten Matchpartie den unter Schachspielern üblichen Handschlag zu verweigern. Kortschnoi geriet darüber in große Wut und lieferte seine schwächste Partie des Wettkampfs ab.

Generell zeigte Karpow zunächst das bessere Schach und lag nach 27 Partien mit 5:2 Siegen in Führung. Die vielen Remispartien sind keinesfalls ein Indiz für besondere Friedfertigkeit in diesem Wettkampf, sondern demonstrieren vielmehr dessen besondere Härte. Denn häufig kamen ausgeglichene Endspiele aufs Brett, die von anderen Großmeistern frühzeitig remis gegeben worden wären, doch Karpow und Kortschnoi spielten die vereinfachten Stellungen erbittert weiter und lauerten auf die kleinste Schwäche des Gegners. Die fünfte Partie des Wettkampfs dauerte 124 Züge und ist bis heute die längste Partie der WM-Geschichte. Trotz der klaren Führung für Karpow war der Wettkampf nicht entschieden, denn dem Weltmeister hatte der lange, körperlich und psychologisch harte Wettkampf derart zugesetzt, dass er dramatisch an Gewicht verlor. Karpow verlor die 28., 29. und 31. Partie, und plötzlich stand es 5:5, die nächste Gewinnpartie würde über den Weltmeistertitel entscheiden. In der 32. Partie versuchte Kortschnoi, das Momentum zu nutzen und seinen Gegner in der Eröffnung zu überraschen, doch sein Konzept schlug fehl. Karpow gewann mit letzter Kraft Partie und Wettkampf, was in der UdSSR Anlass zu großen Feiern war; Karpow selbst und mehrere Mitglieder seiner Delegation wurden mit Orden dekoriert. 1981 kam es in Meran noch einmal zu einem Duell der beiden, da Kortschnoi sich erneut im Ausscheidungszyklus durchgesetzt hatte. Doch diesmal verlief das Match einseitig, Karpow schlug seinen Kontrahenten nach nur 18 Partien mit 6:2.

Eine solche Serie von Wettkämpfen zweier Schachkoryphäen hatte es bis dato nicht gegeben, doch sie sollte bald von einem anderen Duell noch übertroffen werden. Garri Kimowitsch Kasparow, 1963 in Baku als Sohn eines jüdischen Vaters und einer armenischen Mutter zur Welt gekommen, hatte sein schachliches Ausnahmetalent schon als Kind aufblitzen lassen und war mit zehn Jahren in die berühmte Botwinnik-Schule gekommen, wo er zum Musterschüler des alten Meisters avancierte. Mit 17 Jahren wurde er Großmeister und Jugendweltmeister, und im folgenden Zyklus dominierte er die Kandidatenwettkämpfe deutlich, er schlug unter anderen den unverwüstlichen Viktor Kortschnoi. Mit Karpow und Kasparow stießen 1984 in Moskau zwei Ausnahmekönner aufeinander, die beide von der hervorragenden Talentförderung der UdSSR profitiert und eine schachliche Bilderbuchkarriere durchlaufen hatten, von ihrem Stil und ihrer Wesensart aber unterschiedlicher kaum hätten sein können. Im Gegensatz zum geduldig manövrierenden Karpow ging Kasparow am Brett mit großer Aggressivität zu Werke und scheute vor keinen materiellen Opfern zurück; oftmals nahm er gegnerische Stellungen mit brachialer Gewalt auseinander, wobei ihm sein herausragendes Rechenvermögen zugutekam. Und während «Pokerface» Karpow stets kontrolliert und zurückhaltend auftrat, zeigte der temperamentvolle und extrovertierte Kasparow eine expressive Mimik. Die Vorfreude in der Schachwelt auf dieses Duell der Gegensätze war groß, einen klaren Favoriten gab es nicht.

Zunächst entwickelte sich der Wettkampf höchst einseitig. Karpow wehrte die ungestümen Angriffe seines jungen Gegners kühl ab und nutzte dessen Ungenauigkeiten gnadenlos aus, nach der neunten Partie führte er bereits 4:0. Nach diesem Debakel stellte Kasparow seinen Stil um, agierte fortan solide und vermied Risiken, um nicht weiter Karpows Kontern zum Opfer zu fallen. Dies zeigte Wirkung, denn Karpow fiel es gegen diese Spielweise schwer, einen weiteren Sieg herauszuspielen, stattdessen folgte eine lange Serie von 17 Remisen. Als der Titelverteidiger dann aber die 27. Partie gewann und ihm nur noch ein weiterer Sieg fehlte, schien der Wettkampf entschieden. Doch Kasparow hielt dem enormen psychologischen Druck stand und ließ sich von der drohenden Niederlage nicht aus dem Konzept bringen. In der 32. Partie gelang ihm der erste Sieg, nach einer erneut langen Remisserie gewann er auch die 47. und 48. Partie. Es stand nur noch 5:3, und das inzwischen erlahmte Interesse der Schachwelt flammte wieder auf. Karpow war sichtlich angeschlagen, wie schon 1978 in Baguio City war er durch den langen Wettkampf stark abgemagert und musste sogar im Krankenhaus behandelt werden. Würde der Herausforderer das schon fast verlorene Match noch zu seinen Gunsten wenden können? Die Frage blieb unbeantwortet, denn der Präsident der FIDE, der Filipino Florencio Campomanes, brach das Match, das schon über fünf Monate gedauert hatte, im Februar 1985 ab. Die offizielle Begründung lautete, die Gesundheit der Spieler sei in Gefahr, doch Kasparow vermutete, wohl nicht zu Unrecht, dass das Karpow-Lager zum Abbruch gedrängt habe. In der Rückschau stilisierte sich Kasparow zum Kind der neuen UdSSR unter Michail Gorbatschow, der nur einen Monat später Generalsekretär der KPdSU wurde, während das Establishment der verkrusteten Breschnew-Ära seinen Günstling Karpow auf dem Thron habe halten wollen. Jedoch betonten beide Spieler, das Match bis zur Entscheidung spielen zu wollen, und erklärten sich jeweils zu Opfern des Abbruchs: Kasparow verwies auf das Momentum, Karpow auf seine Führung.

Das Wiederholungsmatch begann im September 1985, wiederum in Moskau. Um einen erneuten Marathonwettkampf zu vermeiden, hatte die FIDE die Regularien geändert und war zum Modus zurückgekehrt, der bis 1972 üblich gewesen war. Die Anzahl der Partien war auf 24 begrenzt, der Weltmeister benötigte zwölf Punkte für die Titelverteidigung, der Herausforderer 12,5 Punkte für den Sieg. Das Match verlief von Anfang an spannend, mehrfach wechselte die Führung. Erst die letzte Partie brachte die Entscheidung, Kasparow siegte 13:11 und war der 13. Schachweltmeister, mit 22 Jahren auch der jüngste der Geschichte. Im folgenden Jahr verteidigte er seinen Titel gegen Karpow – die FIDE hatte das Rückkampfrecht wieder eingeführt – knapp mit 12,5:11,5, und noch zwei weitere Male sollten sich die beiden in Weltmeisterschaftsmatches gegenübersitzen. 1987 in Sevilla ging Karpow in der 23. Partie mit 12:11 in Führung und schien dem Rückgewinn des Titels nahe, doch mit einem Sieg in der letzten Partie erzielte Kasparow den Ausgleich und blieb auf dem Schachthron. Auch 1990, das Match wurde in New York und Lyon ausgetragen, war der Titel heiß umkämpft, letztlich siegte Kasparow mit 12,5:11,5. Damit kam das epische Ringen zum Ende; zwischen 1984 und 1990 hatten die beiden Kontrahenten, in dieser Zeit zweifellos die besten Spieler der Erde, fünf Matches und 144 WM-Partien gegeneinander gespielt.

Spaltung und Wiedervereinigung des Spitzenschachs

Kasparow teilte mit seinem großen Rivalen den Willen, auf Turnieren unter Beweis zu stellen, dass er der stärkste Spieler sei, und wie seinerzeit Karpow gelang ihm dies eindrucksvoll. Mit seinem aggressiven Streben nach der Initiative, auch mit Schwarz und oft unter materiellen Opfern, begeisterte er die Schachfans in aller Welt, und ihm gelangen zahlreiche spektakuläre Kombinationssiege. Dominant war er auch in seinem persönlichen Auftreten, das, je nach Perspektive, als kraftvoll und charismatisch oder als arrogant und großmäulig wahrgenommen wurde. Unbestritten war seine innovative Energie: Kasparow war ein Pionier der computergestützten Partievorbereitung, bei der auf der Basis großer Partiendatenbanken kritische Eröffnungsvarianten minutiös analysiert werden, um den Gegner mit neuen, in der häuslichen Analyse vorbereiteten Zügen zu überraschen. Auch auf institutioneller Ebene beschritt Kasparow neue Wege, als 1993 die Titelverteidigung gegen den Engländer Nigel Short anstand. Als Kasparow und Short mit den von der FIDE gebotenen Bedingungen, insbesondere dem Preisfonds, nicht einverstanden waren, beschlossen sie kurzerhand, ihren Wettkampf ohne den Weltschachverband zu organisieren. Zu diesem Zweck gründeten sie einen eigenen Verein, die PCA (Professional Chess Association), und hatten zunächst Erfolg, indem sich mit der englischen Tageszeitung «The Times» ein Sponsor fand, der eine bedeutend höhere Börse aussetzte. Kasparow gewann den Wettkampf deutlich mit 12,5 : 7,5. Für den nächsten Zyklus gelang der PCA die Durchführung von Kandidatenwettkämpfen im herkömmlichen Modus, der Sieger und damit der neue Herausforderer war der Inder Viswanathan Anand. An spektakulärer Spielstätte, dem 107. Stockwerk im World Trade Center in New York, gewann Kasparow 1995 das anfangs ausgeglichene Match schlussendlich klar mit 10,5 : 7,5. Doch kurz darauf zeigte sich die Schwäche der PCA, die keine Basis in den Landesverbänden besaß und deshalb von einzelnen Sponsoren abhing. Als diese ihre Unterstützung einstellten, löste die PCA sich auf.

Auch wenn Kasparows schachliche Extraklasse unbestritten blieb, litt seine Autorität als Weltmeister daran, dass er ohne die FIDE nun keinen ordentlichen Qualifikationszyklus mehr organisieren konnte und es Schwierigkeiten gab, Sponsoren für ein WM-Match zu finden. Die Situation wirkte wie ein Rückfall in die Zeiten vor dem Zweiten Weltkrieg, als die Weltmeister die Herausforderer selbst bestimmen konnten. Und als es 2000 endlich wieder zu einer Titelverteidigung kam, war der Herausforderer die Wahl Kasparows. Man muss dem Weltmeister allerdings zugutehalten, dass er mit Wladimir Borissowitch Kramnik den wohl objektiv stärksten, auf jeden Fall subjektiv unangenehmsten Gegner ausgesucht hatte, denn dieser hatte Kasparow zuvor am Brett große Schwierigkeiten bereitet. 1975 in Tuapse am Schwarzen Meer in eine Künstlerfamilie geboren, hatte Kramnik die klassische russische Schachlaufbahn durchlaufen, wie Karpow und Kasparow war auch er an der Botwinnik-Schule gefördert worden. Seinen Durchbruch feierte er 1992, als er in das russische Team für die Schacholympiade berufen wurde. Kasparow selbst hatte sich für den 17-Jährigen eingesetzt, und Kramnik rechtfertigte dieses Vertrauen mit einem überragenden Ergebnis von 8,5 Punkten aus neun Partien. Sein enormes Potenzial war offensichtlich, doch seine Turnierergebnisse blieben schwankend, da ihm mangelnder Trainingsfleiß und ein Hang zum genussvollen Leben nachgesagt wurden. Als er jedoch die Chance auf den Titelkampf gegen Kasparow erhielt, bereitete er sich monatelang intensiv auf das Match in London vor, arbeitete an seiner körperlichen Fitness und entwickelte mit seinem Team eine ganz auf Kasparows Stärken und Schwächen abgestimmte Wettkampfstrategie. Kramnik strebte frühen Damentausch an, um Kasparows gefürchteten Mattangriffen entgegenzuwirken, und suchte dafür gezielt die geeigneten Eröffnungen aus. Sein größter Coup war die Berliner Verteidigung der Spanischen Partie, eine alte Variante, die in der Großmeisterpraxis kaum noch anzutreffen gewesen war, weil sie nach gängiger Meinung zu einem für Schwarz nachteiligen Endspiel führte. Doch Kramnik hatte mit seinen Sekundanten die entstehenden Stellungen gründlich analysiert, und Kasparow gelang es trotz mehrfacher Anläufe nicht, Vorteil zu erlangen, Kramnik remisierte seine Schwarzpartien sicher. Und mit Weiß wartete er auf seine Chancen und erhielt sie, nach 15 Partien hatte der Herausforderer das Match mit 8,5 : 6,5 für sich entschieden – Kasparow war im gesamten Wettkampf kein einziger Partiegewinn geglückt.

Mit dieser imposanten Vorstellung war Kramnik der neue Weltmeister, aber nicht der einzige. Denn die FIDE hatte Kasparow 1993, als er nicht zu einem Match unter dem Dach der FIDE bereit gewesen war, den Weltmeistertitel entzogen und eigene Weltmeisterschaften organisiert. Jedoch waren die Schwierigkeiten, zahlungskräftige Sponsoren für diese Wettkämpfe, an denen eben nicht die besten Spieler teilnahmen, zu finden, deutlich geworden. Deswegen änderte die FIDE 1997 den Modus und richtete Weltmeisterschaften fortan als große Turniere im K.-o.-Format aus, wobei jeweils Duelle von zwei Partien gespielt wurden und bei Gleichstand die Entscheidung im Schnellschach, anschließend im Blitzschach herbeigeführt wurde. Dieses Verfahren erscheint demokratisch, hat allerdings den Nachteil, dass sich bei solch kurzen Matches nicht unbedingt die besseren Spieler durchsetzen, so dass die Sieger der K.-o.-Weltmeisterschaften zwar durchweg sehr starke Großmeister waren, aber nicht immer zur absoluten Spitze gehörten. Man hatte also zwei Weltmeister, einen mit der Legitimation des offiziellen Weltschachverbands, einen anderen mit der Autorität, den Titel nach alter Tradition in einem Wettkampf mit dem Vorgänger errungen zu haben. Zur Überwindung der verfahrenen Situation wurde 2002 in Prag ein Abkommen geschlossen, das die Vereinigung der beiden Weltmeistertitel zum Ziel hatte. Doch die Umsetzung scheiterte zunächst, so dass Kramnik 2004 seinen Titel noch außerhalb der FIDE verteidigte: In einem knappen Match gegen den Ungarn Péter Lékó erreichte Kramnik mit einem Sieg in der letzten Partie ein 7:7 Unentschieden, was ihm zur Titelverteidigung ausreichte.

Kasparow hatte in Verhandlungen um seine Chance gekämpft, nochmals ein Match um die Schachkrone bestreiten zu können, doch als seine Bemühungen im Sande verliefen, gab er 2005 seinen Rückzug vom Turnierschach bekannt und begründete dies mit fehlenden sportlichen Zielen. Seitdem nahm er zwar noch vereinzelt an Turnieren im Schnell- oder Blitzschach teil, doch seine Energien konzentrierte er auf andere Felder: Er publizierte abstruse Theorien zur historischen Chronologie, hielt Vorträge vor amerikanischen Wirtschaftsführern, vor allem aber wurde er politisch aktiv und avancierte zu einem der führenden Kritiker des russischen Präsidenten Putin. Mehrfach wurde er bei Demonstrationen von Schergen verprügelt und ins Gefängnis gesteckt, bis er schließlich 2013 Russland verließ und die kroatische Staatsbürgerschaft annahm. Sein Vorhaben, Präsident der FIDE zu werden, scheiterte, Erfolge konnte er aber mit einer Initiative zur Förderung des Schulschachs erzielen.

Zur Vereinigung der beiden Weltmeistertitel kam es 2006. Gegner Kramniks war der Bulgare Wesselin Topalow; er hatte 2005 in Argentinien die FIDE-Weltmeisterschaft gewonnen, die im Vorgriff auf das Vereinigungsmatch diesmal nicht als Großturnier im K.-o.-Modus, sondern als doppelrundiges Turnier mit acht Teilnehmern ausgetragen worden war. Das Match zwischen Kramnik und Topalow fand in Elista statt, der Hauptstadt der russischen Republik Kalmückien, deren Präsident Kirsan Iljumschinow gleichzeitig auch Präsident der FIDE war (1995–2018). Der abgelegene Austragungsort war jedoch nicht der Grund, warum der Wettkampf unrühmlich in die Annalen einging: Das Lager von Topalow, der seinerseits im Vorfeld beschuldigt worden war, während seiner Partien auf unerlaubte Hilfe von Computern zurückgegriffen zu haben, schlug nach der zweiten Partie zurück und behauptete, Kramnik empfange auf der Toilette verbotene Signale. Beweise oder auch nur schlagkräftige Indizien gab es gegen keinen der Spieler, doch der Wettkampf stand in der vergifteten Atmosphäre kurz vor dem Abbruch. Letztlich wurde er doch fortgesetzt, Kramnik setzte sich nach einem 6:6 im klassischen Schach im Stechen durch und war damit alleiniger Weltmeister. Diesen Titel musste er allerdings gleich im Folgejahr in einem Rundenturnier verteidigen, in dem Kramnik auf die Zweit-, Dritt- und Viertplatzierten der WM 2005 sowie auf vier in Qualifikationsturnieren ermittelte Teilnehmer traf. Sollte Kramnik nicht gewinnen, wurde ihm ein Wettkampf gegen den neuen Weltmeister zugesagt. Das Turnier, 2007 in Mexiko City ausgetragen, wurde dominiert von Viswanathan Anand, der schon 1995 gegen Kasparow um den Titel gespielt, während der Spaltung des Weltschachs einmal die Weltmeisterschaft der FIDE gewonnen hatte und jetzt alleiniger Titelträger war. Gegen Kramnik behielt er 2008 beim Titelkampf in Bonn mit 6,5:4,5 die Oberhand, wofür vor allem die bessere Eröffnungsvorbereitung ausschlaggebend war. In der scharfen Meraner Variante des Damengambits konnte Anand Kramnik mit neuen Zügen überraschen und gewann zwei Schwarzpartien, was Kramnik in dem kurzen Match über zwölf Partien nicht kompensieren konnte. Dies war ab jetzt die Dauer des Wettkampfs, die Verkürzung der Weltmeisterschaftskämpfe bildete nach der Wiedervereinigung der Weltmeistertitel den wichtigsten Unterschied zur Situation vor 1993. Für die Organisatoren und die Spieler mit ihren vollen Terminkalendern sind die kürzeren Duelle leichter handhabbar, jedoch fehlt ihnen die Aura des epischen Ringens früherer Tage.

Eine multipolare Welt: Schach im 21. Jahrhundert

Viswanathan Anand, geboren 1969 in Madras, hatte von seiner Mutter das Schachspielen erlernt, doch erst als die Familie einige Zeit in Manila lebte – der Vater war ein international tätiger Eisenbahnmanager –, wurde die Begeisterung für das Spiel in ihm geweckt, denn auf den Philippinen genoss Schach seit dem legendären Match von 1978 eine große Popularität. Bald wurde sein gewaltiges Talent sichtbar, insbesondere die verblüffende Geschwindigkeit, mit der Anand Varianten berechnen konnte. In seinen frühen Jahren war das schnelle Spiel sein Markenzeichen, häufig verbrauchte er nur einen kleinen Teil seiner

Bedenkzeit. 1987 wurde er Juniorenweltmeister und erfüllte die Normen für den Großmeistertitel, der ihm im Jahr darauf verliehen wurde. Damit hatte Indien, wo das Spiel in der Neuzeit bislang nur eine Nebenrolle gespielt hatte, seinen ersten Großmeister, und Anands weitere Erfolge machten ihn in seiner Heimat zu einem Star und auch das Spiel selbst populär. Bescheiden, eloquent und freundlich – sogar nach Verlustpartien! –, avancierte der «Tiger von Madras» zu einem der großen Sympathieträger des Weltschachs. Nach dem Sieg gegen Kramnik konnte er noch zweimal seinen Titel verteidigen, 2010 gegen Topalow (6,5 : 5,5) und 2012 gegen den Israeli Boris Gelfand im Stechen nach einem 6 : 6 im klassischen Schach. Erst 2013 verlor er den Titel an einen Herausforderer, der wie er selbst aus einem Land ohne nennenswerte Tradition im Spitzenschach stammte.

Der Norweger Magnus Carlsen, Jahrgang 1990, fiel in früher Kindheit durch erstaunliche Gedächtnisleistungen auf, und bald wurde seine Begabung für das Schachspiel deutlich. Die Eltern unterstützten dies nach Kräften; als Magnus zwölf Jahre alt war und erste Turniererfolge zu größten Hoffnungen Anlass gaben, machten sie mit ihm und seinen Schwestern eine Reise durch Europa und begleiteten ihn von Schachturnier zu Schachturnier. Mit Erfolg, der junge Carlsen erfüllte dabei die Großmeisternormen und erhielt den Titel mit 13 Jahren. Zurück in Norwegen besuchte er nun in Oslo ein Sportgymnasium, das die häufigen Fehlzeiten tolerierte. Mit Simen Agdestein wurde der bis dahin beste norwegische Schachspieler, der außerdem auch Länderspiele für die norwegische Nationalmannschaft im Fußball bestritten hatte, sein persönlicher Trainer. Sponsoren kamen für die Kosten auf, sie finanzierten auch mehrere Trainingseinheiten mit Garri Kasparow, dem das große Talent des jungen Norwegers natürlich nicht entgangen war. Doch so groß Carlsens Respekt vor dem Exweltmeister auch war, seine eigene Herangehensweise an die Partien war eine grundsätzlich andere. Während Kasparow, Anand und andere sich auf einige wenige Eröffnungen spezialisiert haben, deren Feinheiten sie in monatelangen Analysen erkunden, um ihre Gegner mit überraschenden Zügen zu konfrontieren und möglichst bis zur Entscheidung ihrer häuslichen Vorbereitung zu folgen, strebt Carlsen selbst mit den weißen Steinen nicht danach, seine Gegner schon in der Eröffnung zu schlagen. Da er viele Stellungstypen beherrscht, ist er in seiner Eröffnungswahl sehr variabel, was den Gegnern die Vorbereitung auf Partien gegen ihn erschwert. Carlsen strebt Stellungen an, die ausreichend Potenzial bieten, dass sich seine Stärken entfalten können: ein überragendes Positionsgefühl, ein Gespür für Gefahren, eine große Geduld im Provozieren kleiner Schwächen im gegnerischen Lager und eine tödliche Präzision im Endspiel. Hinzu kommen seine körperliche Fitness und sein Kampfgeist; viele ausgeglichene Stellungen, die andere Großmeister remis gegeben hätten, gewann er, weil er seinen Gegnern ständig neue kleine Probleme stellte, bis diesen ein Fehler unterlief.

Mit diesen Qualitäten avancierte er schon als Teenager zum stärksten Turnierspieler der Welt. 2010 rückte er auf Platz eins der Weltrangliste vor, den er mit einer kurzen Unterbrechung bis heute innehat. Schon im Qualifikationszyklus 2011 wäre er Favorit gewesen, doch er verzichtete auf eine Teilnahme, erst 2013 nahm er am Kandidatenturnier teil, das nach dem nun etablierten Modus doppelrundig mit acht Spielern ausgetragen wurde. Nach dramatischem Verlauf setzte sich Carlsen knapp vor Kramnik durch und qualifizierte sich für einen Weltmeisterschaftskampf gegen Anand. Dieser fand Ende 2013 in Chennai unter gewaltiger öffentlicher Aufmerksamkeit statt, da es der erste WM-Kampf auf indischem Boden war und viele Landsleute ihr nationales Sportidol sehen wollten. Und auch im fernen Norwegen zog das Match die Bevölkerung in ihren Bann: Im Fernsehen wurden die Partien live übertragen und kommentiert, Schachbretter waren ausverkauft. Die ersten vier Partien endeten remis, wobei die Vorteile eher auf Seiten Anands lagen, doch Carlsen gelang ein Doppelschlag in den Runden fünf und sechs, als er in der für ihn typischen Art in ruhigen Stellungen Vorteile akkumulierte und schließlich im Turmendspiel zum Sieg führte. Anand konnte das Blatt nicht mehr wenden; als er in der neunten Partie einen riskanten Opferangriff startete, aber fehlgriff und verlor, war das Match entschieden, nach einem Remis in Runde zehn lautete der Endstand 6,5 : 3,5 für Carlsen.

Carlsen war damit der 16. in der traditionsreichen Liste der Weltmeister, und er dominierte in den folgenden Jahren das Weltschach, errang auch mehrfach die höchsten Titel im Blitz- und im Schnellschach. Dreimal konnte er seinen Titel verteidigen: 2014 siegt er erneut gegen Anand im russischen Sotchi mit 6,5 : 4,5, in New York 2016 erst im Stechen gegen den Russen Sergei Karjakin, der mit einer extrem defensiven Wettkampfstrategie im klassischen Schach ein 6 : 6 Unentschieden erzielt hatte. Groß waren die Erwartungen vor dem Match gegen Fabiano Caruana im November 2018, denn der US-Amerikaner mit italienischen Wurzeln hatte in den Monaten zuvor zahlreiche Turniere gewonnen und sich in einem spektakulären Kandidatenturnier in Berlin nervenstark durchgesetzt. Seine Stärke ist die Variantenberechnung, doch in London zeigte er, dass er Carlsen, der nach eigener Aussage nicht mehr die Präzision früherer Jahre besitzt, auch in technischen Stellungen gewachsen war – alle zwölf Partien mit klassischer Bedenkzeit endeten remis. In den Schnellpartien setzte sich Carlsen dann aber klar mit 3 : 0 durch.

Die heutige Weltkarte des Schachs ist vielfältiger geworden. Die technologischen Entwicklungen haben dazu geführt, dass aktuelle Großmeisterpartien und auch potenzielle Gegner weltweit und jederzeit verfügbar sind, was das Training für junge Talente erleichtert. Russland und die übrigen Nachfolgestaaten der Sowjetunion verfügen nach wie vor über den größten Fundus an starken Spielern, doch die frühere Dominanz ist dahin. China ist im Schach mittlerweile eine Großmacht, westeuropäische Länder haben vom Zuzug osteuropäischer Spitzenspieler nach dem Fall des Eisernen Vorhangs profitiert. Nachwuchsspieler aus Indien und mittlerweile auch aus dem Iran sind bei Jugendweltmeisterschaften sehr erfolgreich: Vieles spricht dafür, dass die beiden Ursprungsländer des Schachs im 21. Jahrhundert eine bedeutende Rolle spielen werden.

3. Leben und Denken des Schachspielers

Schach als Wettkampfsport

Die Debatte, ob Schach ein Sport sei, ist alt. Und da es keine allgemein anerkannte Definition gibt, was unter «Sport» zu verstehen sei und was nicht, ist ein Ende der Debatte auch nicht zu erwarten. Man kann ein differenziertes Bild gewinnen, indem man die am häufigsten genannten Merkmale von «Sport» betrachtet: körperliche Bewegung, Wettkampfcharakter und Chancengleichheit. Körperliche Bewegung spielt bei einer Schachpartie keine relevante Rolle, ebenso wenig wie beim sogenannten E-Sport, beim Schießen oder auch beim Motorsport, in dem die rasanten Bewegungen nicht durch Muskelkraft, sondern durch Maschinen herbeigeführt werden. Ungeachtet dessen sind dabei die körperlichen Belastungen enorm, und das trifft auch auf eine Schachpartie zu: Bereits 1980 maß der Arzt und Schachgroßmeister Helmut Pfleger bei sich und anderen Teilnehmern eines Großmeisterturniers die Herzfrequenz. Es zeigte sich, dass sich der Puls bereits vor der Partie beschleunigte, während der Partie zumeist zwischen 90 und 140 Schlägen pro Minute lag, in der Spitze aber auch bis zu 170 Schläge erreichen konnte. Die höchsten Werte maß man, wenn ein Spieler mit einem überraschenden Zug des Gegners konfrontiert wurde oder bei nur noch wenig verbliebener Bedenkzeit wichtige Entscheidungen treffen musste. Von den körperlichen Belastungen eines mehrwöchigen Wettkampfes, die bei Anatoli Karpow zu bedrohlichem Gewichtsverlust führten, war schon die Rede. Das zweite Kriterium, den Wettkampfcharakter, erfüllt das Schachspiel in vollem Maße: Die Kontrahenten liefern nicht nacheinander ihre Leistung ab, und über Sieg und Niederlage entscheiden auch keine Punktrichter, sondern die Kontrahenten sitzen sich gegenüber, und es sind allein ihre Züge, die über das Ergebnis entscheiden. Keine Jury trifft die

Entscheidung, wer der bessere Spieler war, und Schiedsrichter treten während Schachpartien zumeist nur zur Gewährleistung formaler Korrektheit auf, Streitfälle sind sehr selten. Schachspieler ziehen wechselseitig, sie sind einerseits auf die sichtbar auf dem Brett stehende Stellung konzentriert, versuchen andererseits aber auch, die Absichten des Gegners zu erraten. Nimmt man die lange Dauer von Schachpartien hinzu, die sich über mehrere Stunden hinziehen, handelt es sich beim Schach um die intensivste Form von Wettkampf überhaupt. Hinzu kommt, dass auch das dritte meistgenannte Merkmal von Sport, die Chancengleichheit aller Teilnehmer während des Wettkampfs, gewährleistet ist. In vielen Sportarten ist dieses Kriterium nicht erfüllt, weil die Qualität der Ausrüstung, zum Beispiel der Skier oder des Motors, maßgeblich die Siegchancen mitbestimmt. Beim Schach hingegen ist Chancengleichheit gegeben: Zwar spielen bei der Vorbereitung auf eine Partie die Sekundanten und neuerdings auch die Qualität der benutzten Computer eine wichtige Rolle, aber während der Partie ist der Schachspieler auf sich selbst zurückgeworfen.

Angesichts dieses Befundes verwundert es nicht, dass Schach offiziell als Sportart anerkannt ist, und in der jüngeren Vergangenheit wurden Schachspieler in Indien, Armenien und Norwegen sogar zum «Sportler des Jahres» gewählt. Im Hinblick auf die Wettkampforganisation war Schach ein Vorreiter, denn offizielle Schachweltmeisterschaften gab es schon vor der Begründung der modernen Olympischen Spiele und anderer Weltmeisterschaften. Das Format zur Ermittlung des Weltmeisters, ein Duell zwischen dem Titelträger und einem Herausforderer, ist seit 1886 etabliert, hingegen wurde der Modus zur Ermittlung des Herausforderers häufig reformiert. Das gegenwärtig angewandte und allgemein akzeptierte System sieht alle zwei Jahre ein Kandidatenturnier mit acht Teilnehmern vor, für das der Verlierer des vorangegangenen Weltmeisterschaftskampfes gesetzt ist, während die übrigen Teilnehmer über ihre Weltranglistenplatzierung und über Qualifikationsturniere ermittelt werden. Da bei Kandidatenturnieren nur der Sieg zählt, gehen die Teilnehmer in der Regel höhere Risiken ein und spielen schärfer auf Sieg, was häufig zu dramatischen Verläufen führt. Insbesondere die Kandidatenturniere 2012 in London (Sieger Magnus Carlsen) und 2018 in Berlin (Sieger Fabiano Caruana) waren schachliche Höhepunkte des vergangenen Jahrzehnts.

Seit 1927 gibt es auch eine Weltmeisterschaft für Frauen, gegenwärtige Titelträgerin ist die Chinesin Ju Wenjun. In den letzten Jahren ist die Weltmeisterin abwechselnd in großen Turnieren im K.-o.-Format und in Zweikämpfen ermittelt worden, die FIDE strebt aber eine Anpassung an das Format der Männer an. Weltmeisterschaften für die verschiedenen Altersklassen der Kinder und Jugendlichen sowie der Senioren werden jährlich in Turnieren nach «Schweizer System» ausgetragen. Bei diesem Modus werden die Paarungen ausgelost, aber soweit möglich Teilnehmer gegeneinander gepaart, die im bisherigen Turnierverlauf gleich viele Punkte erzielt haben. So möchte man erreichen, dass beispielsweise bei einem Turnier mit 100 Teilnehmern und neun Runden zumindest ein Teil der Spitzenleute gegeneinander spielen muss. Allerdings spielt Losglück bei diesem System eine große Rolle, denn ob man in der Schlussrunde gegen den stärksten oder schwächsten der Punktgleichen antreten muss, erhöht oder senkt die Chance auf eine gute Platzierung erheblich.

Neben den Weltmeisterschaften existieren kontinentale und nationale Meisterschaften, die in unterschiedlichen Formaten ausgetragen werden. Sehr beliebt bei Schachspielern aller Spielstärken sind die «Offenen Turniere», deren Teilnehmerzahlen häufig in die Hunderte gehen. Profis nehmen in der Hoffnung auf das Preisgeld teil, je nach Turnier und Weltranglistenplatzierung erhalten sie auch Antrittsgagen. Freizeitspieler müssen Startgeld zahlen, sie können dafür bei solchen Turnieren darauf hoffen, selbst einmal gegen einen Großmeister anzutreten. Vor allem in den ersten Runden gibt es regelmäßig Paarungen zwischen Spielern höchst unterschiedlicher Stärke, ehe sich das Feld gemäß dem Schweizer System sortiert. Besonders attraktiv sind die Opens, wenn sie mit Einladungsturnieren der Spitzenklasse kombiniert sind, bei denen die Organisatoren nach ihrer Wahl Spieler einladen. Häufig legen sie allein die Weltranglistenplatzierung als Kriterium an, aber manchmal werden auch Spieler mit besonders aggressivem Stil gesucht, oder es wird eine Mischung aus einheimischen Talenten und internationaler Klasse angestrebt. Jedes Jahr im Januar füllt sich der zu dieser Jahreszeit sonst einsame Badeort Wijk aan Zee unweit von Amsterdam mit Scharen von Schachspielern, die am «Tata Steel Chess Tournament» teilnehmen und dabei auch der im Meisterturnier spielenden Weltspitze über die Schulter schauen können.

Schachpartien werden zwischen Einzelnen ausgetragen, doch es finden auch Mannschaftswettkämpfe statt, die wie in anderen Sportarten in einem Ligasystem organisiert sind. In Deutschland wird der Mannschaftsmeister unter den 16 Teams der 1. Bundesliga ermittelt, darunter staffeln sich vier 2. Bundesligen und viele weitere Ligen, die untersten auf Kreisebene. Gespielt wird üblicherweise an acht Brettern, wobei jeweils das «Brett 1» beider Mannschaften – üblicherweise die stärksten Spieler – gegeneinander antritt, «Brett 2» gegen «Brett 2» und so fort. Die einzelnen Ergebnisse werden addiert, so dass sich Mannschaftsresultate wie 4:4, 5,5:2,5 oder 7:1 ergeben. Ein globales Großereignis des Schachs ist die Schacholympiade, die seit 1926 ausgetragen wird; seit 1957 wird neben der offenen Klasse auch eine eigene Frauenkonkurrenz ausgetragen. Alle zwei Jahre kommen Spieler aus der ganzen Welt zusammen, Profis in den ambitionierten Nationalmannschaften ebenso wie Freizeitspieler aus den – schachlich gesehen – «kleinen» Ländern. 2018 im georgischen Batumi gingen 184 Teams in der offenen Klasse und 149 bei den Frauen an den Start. Schacholympiaden sind prestigeträchtige Ereignisse, die auch als Indikator für die Kräfteverhältnisse im Weltschach dienen: In Batumi siegte in beiden Konkurrenzen China, wo lange Zeit die chinesische Version Xiangqi das beliebtere Spiel gewesen war, und unterstrich damit, wie stark das Reich der Mitte mittlerweile auch im «europäischen» Schach geworden ist. Daneben aber sind Schacholympiaden als Weltschachtreffen auch von großer sozialer Bedeutung, nicht zuletzt infolge des seltenen Umstands, dass hier an den Schachbrettern Männer und Frauen in annähernd gleicher Anzahl anwesend sind.

Wird Schach als Wettkampf betrieben, ist eine Zeitbegrenzung notwendig, und deshalb wurde bereits 1861 zum ersten Mal eine Schachuhr eingesetzt. Das Zeitreglement ist oft reformiert worden; im heute üblichen System stehen jedem Spieler für die ersten 40 Züge 100 Minuten Bedenkzeit zur Verfügung, danach gibt es einen Aufschlag von 50 Minuten für den Rest der Partie. Außerdem erhält jeder Spieler pro gespieltem Zug einen Aufschlag von 30 Sekunden. Letzteres ist eine neuere Regelung, die digitale Uhren voraussetzt. Früher erhielten die Spieler 120 Minuten für die ersten 40 Züge, was in der Summe das gleiche Kontingent bedeutet, aber zu extrem ungleichmäßiger Zeiteinteilung führen konnte. Es war keine Seltenheit, dass Spielern zwischen dem 30. und dem 40. Zug weniger als eine Minute Bedenkzeit zur Verfügung stand, was in wilde Zeitnotschlachten mündete. Diese gibt es mit der neuen Bedenkzeitregelung nicht mehr, da pro Zug mindestens 30 Sekunden zur Verfügung stehen. Ebenfalls abgeschafft sind die Hängepartien: Früher wurden Partien nach vier Stunden abgebrochen und nach einer Pause oder am nächsten Tag fortgesetzt. Heute wäre der Einfluss leistungsstarker Computer auf die Analyse der Abbruchstellung zu stark, deshalb werden Partien ohne Pause bis zum Ende gespielt. Dies erfordert von den Spielern eine gute Kondition und von Zuschauern und Kommentatoren viel Geduld – die erste Partie beim Weltmeisterschaftskampf 2018 zwischen Carlsen und Caruana dauerte sieben Stunden.

Daneben gibt es aber auch Wettkampfformen mit verkürzter Bedenkzeit. Im Schnellschach erhalten die Spieler jeweils 25 Minuten für die gesamte Partie, mit einem Aufschlag von zehn Sekunden pro Zug. Hier hat der Aufschlag vor allem die Funktion, das sogenannte Ausdrücken zu verhindern: Wenn eine Endspielstellung entstanden ist, in der bei gutem Spiel keiner der beiden Kontrahenten ernsthafte Gewinnversuche unternehmen kann, könnte ohne Zeitaufschlag der Spieler mit mehr Restbedenkzeit die Partie so lange weiterspielen, bis die Bedenkzeit des Gegners aufgebraucht ist. Dies ist jetzt nicht mehr möglich, denn zehn Sekunden sind mehr als ausreichend, um in einfachen Stellungen gute Züge zu finden. Noch kürzer ist die

Bedenkzeit im Blitzschach, gespielt zumeist mit fünf Minuten pro Spieler zuzüglich eines Aufschlags von drei Sekunden pro Zug. Schnell- und Blitzschach werden zum Stechen eingesetzt – die letzten beiden Weltmeisterschaften von 2016 und 2018 wurden im Schnellschach entschieden –, es gibt aber auch eigene Wettkämpfe. In aller Regel sind die besseren Spieler bei langer Bedenkzeit auch die besseren Schnellschach- und Blitzspieler, es gibt aber auch Großmeister, denen das schnelle Spiel besonders gut oder überhaupt nicht liegt.

Die längste Bedenkzeit gibt es beim Fernschach, in dem die Züge früher telegraphisch oder postalisch, heute per E-Mail übermittelt werden. Hier haben die Spieler pro Zug mehrere Tage Zeit, und da man die Stellungen zu Hause analysieren kann, war es eine geeignete Turnierform für alle Schachenthusiasten, die aufgrund beruflicher Verpflichtungen oder anderer Gründe nicht zu Turnieren reisen konnten. Die heutige Spielstärke der Computer hat dem Fernschach allerdings einen guten Teil seiner Faszination geraubt, da nicht mehr die persönlichen Analysen, sondern der richtige Einsatz der Software ausschlaggebend ist. Fernschachturniere erstrecken sich über lange Zeiträume, was zu einer erstaunlichen Langlebigkeit von Nationalmannschaften führen kann: 1995 endete die 10. Olympiade im Fernschach mit dem Sieg der Sowjetunion, den dritten Platz belegte das Team der DDR!

Die Einkünfte professioneller Schachspieler

Der Preisfonds für den Weltmeisterschaftskampf 2018 in London betrug eine Million Euro, Einladungsturniere der Spitzenklasse schütten sechsstellige Summen aus, und beim Open auf der Isle of Man lag 2018 der Preis für den Sieger bei 50 000 Pfund. Spitzenspieler wie Magnus Carlsen oder Viswanathan Anand, ein nationaler Sportheld in Indien, erzielen außerdem Einnahmen durch Werbung. Als Schachspieler kann man reich werden, aber das trifft nur auf die Besten zu. Unterhalb der Weltspitze sind die finanziellen Möglichkeiten viel geringer: Für den zehnten Platz bei genanntem Turnier auf der Isle of Man, an dem zahlreiche starke Großmeister aus aller Welt teilnahmen, gab es nur noch 2000 Pfund, und auch das ist noch üppig im Vergleich zu den Preisgeldern bei den vielen Opens, bei denen neun Runden an fünf Tagen gespielt werden. Bei Schnellschachturnieren, die innerhalb eines Tages beendet sind, erhalten die Sieger einige Hundert Euro.

Hinzu kommen die Einkünfte aus Mannschaftskämpfen. Die Spitzenteams der europäischen Ligen setzen durchweg auf die Dienste von professionellen Spielern, aber auch weniger ambitionierte Teams, bisweilen sogar unterklassige Mannschaften haben an den Spitzenbrettern Profis im Einsatz. Die Bezahlung erfolgt nach Anzahl der Partien, bisweilen ergänzt durch Erfolgsprämien. Anders als in anderen Mannschaftssportarten gibt es beim Schach keine Notwendigkeit zum täglichen gemeinsamen Training, deshalb kommen die Teams in aller Regel nur zu den Spieltagen zusammen, die deshalb auch nicht Woche für Woche, sondern blockweise stattfinden. In Deutschland werden die 15 Spieltage der 1. Bundesliga an sieben Wochenenden ausgetragen. Dadurch ist es möglich, in mehreren Ligen gleichzeitig zu spielen, die meisten Schachprofis haben Verträge mit Vereinen unterschiedlicher Nationen. Gerade die Spitzenteams weisen eine große Schnittmenge auf; bei europäischen Mannschaftsmeisterschaften passiert es manchmal, dass sich ein Spieler versehentlich auf die falsche Seite des Bretts setzt, weil er für den Moment vergessen hat, für welches Team er gerade im Einsatz ist.

Die Förderung durch nationale Verbände und Sponsoren fällt je nach Land ganz unterschiedlich aus. Von der staatlichen Unterstützung in der Sowjetunion war schon die Rede, heute werden beispielsweise die Spitzenspieler von Aserbaidschan – im Schach eine Großmacht – gut alimentiert. Die Sporthilfe der Niederlande stellte im Jahr 2012 90 000 Euro zur Förderung des damals 18-jährigen Ausnahmetalents Anish Giri bereit, um seinen Aufstieg in die Weltspitze zu unterstützen. Auch Sponsoren fördern junge Schachspieler, beispielsweise in Indien, das durch Anands Erfolge einen Schachboom erlebt. Bei diesen Geldgebern, die ihr privates Vermögen oder ihren Einfluss in einem Unternehmen dazu einsetzen, einzelne Schachspieler oder Mannschaften zu finanzieren, handelt es sich um Mäzene, deren Motiv die Liebe zum Spiel ist. Für die Werbeindustrie sind Schachprofis – sieht man einmal vom Weltmeister und einigen anderen Spitzenspielern ab – wenig zugkräftig, und auch über Eintrittsgelder können keine relevanten Einnahmen erzielt werden. Schach eignet sich nicht als massentaugliche Fernsehsportart, denn dafür fehlt die sichtbare Aktion, gerade wenn ein Spieler eine halbe Stunde lang über eine wichtige strategische Entscheidung nachdenkt. Schach ist vom Mäzenatentum abhängig.

Eine weitere Möglichkeit, Geld zu verdienen, besteht darin, für die Spitzenspieler als Sekundant zu arbeiten, beispielsweise an der Eröffnungsvorbereitung für einen anstehenden Weltmeisterschaftskampf mitzuwirken. Daneben verfassen viele Spieler Bücher und Artikel für Fachzeitschriften oder erstellen Trainings-DVDs, doch da das Angebot sehr groß ist, lassen sich damit in aller Regel keine großen Einnahmen erzielen. Lukrativ ist es hingegen, wohlhabenden Schachenthusiasten Trainingsstunden zu geben, und ein planbares Einkommen resultiert aus Schachunterricht an Schulen. Je nach Weltranglistenplatz und Bekanntheit unterschiedlich fallen die Honorare für Simultanvorstellungen aus, bei denen ein Spieler gegen 20, 30, 40, bisweilen auch noch mehr Amateure antritt und der Reihe nach seine Züge ausführt. Der Simultanspieler hat dabei keine Zeitbeschränkung, zieht aber in der Regel sehr schnell, seine Gegner dürfen so lange überlegen, wie der Simultanspieler seine Runde dreht, und müssen ihren Zug ausführen, wenn er wieder an ihr Brett tritt.

Wenn man alle Einkommensmöglichkeiten zusammenrechnet, ergibt sich der Befund, dass die ersten hundert der Weltrangliste gut vom Schachspiel leben können, für alle weiteren Schachprofis hängt es stark davon ab, wie hoch das Ansehen des Schachs und wie hoch die Lebenshaltungskosten in ihrem Land sind. Osteuropäer kommen mit den in Euro oder Dollar ausgezahlten Preisgeldern und Honoraren zumeist recht gut über die Runden, in Westeuropa hingegen können sich Großmeister unterhalb der Weltspitze zwar finanziell über Wasser halten, beispielsweise ein Studium über das Schachspiel finanzieren, aber nur schwer eine dauerhafte Existenz inklusive Familiengründung und Altersvorsorge aufbauen. Schachprofis, die ihr Einkommen vor allem aus Trainingsstunden beziehen, haben es hier noch besser als diejenigen, die vor allem durch das Spielen selbst Geld verdienen. Deren größtes Problem ist die mangelnde Verlässlichkeit der Einkünfte: Ein einziger Fehler in der Schlussrunde eines bis dahin blendend gespielten Opens kann dazu führen, dass anstatt einer vierstelligen nur eine dreistellige Summe eingenommen wird, und Mäzene können sich von heute auf morgen vom Schach zurückziehen. Die Notwendigkeit, beständig von Turnier zu Turnier, von Mannschaftskampf zu Mannschaftskampf zu reisen, verursacht Kosten und führt dazu, dass soziale Kontakte außerhalb des Schachkosmos schwer aufrechtzuerhalten sind. Doch viele Tausend Schachspieler nehmen diese Opfer auf sich, weil sie sich keine spannendere Tätigkeit vorstellen können, als den Geheimnissen des Spiels auf den Grund zu gehen. Die Tragik des professionellen Schachspiels besteht darin, dass eine Lücke klafft zwischen der Faszination des Spiels und dem Volumen an Geld, das insgesamt zur Verfügung steht. Caissa, die Göttin des Schachs, zieht mehr Jünger an, als sie ernähren kann!

Elo-Zahlen und Meistertitel

Die wichtigsten Angaben auf der «Visitenkarte» von Schachspielern sind die Elo-Zahl und die Meistertitel. Die Elo-Zahl zeigt die aktuelle Spielstärke an; sie ist benannt nach ihrem Entwickler, dem ungarisch-amerikanischen Statistiker Arpad Elo (1903–1992). Selbst ein starker Amateur, entwickelte Elo ab 1959 ein System zur Quantifizierung der Spielstärke, das 1970 offiziell von der FIDE übernommen wurde und inzwischen auch außerhalb des Schachs, zum Beispiel beim Go, Anwendung findet. Jeder Spieler, der an internationalen Turnieren teilnimmt, trägt eine Elo-Zahl, Neulinge steigen mit einer niedrigen Zahl ein. Entscheidender Faktor für die Veränderung der individuellen Elo-Zahl ist der Erwartungswert, der sich nach einer mathematischen Formel aus der Differenz zwischen eigener Elo-Zahl und dem Durchschnitt der gegnerischen Elo-Zahlen ergibt. Tritt ein Spieler bei einem Turnier gegen Kontrahenten an, die im Durchschnitt eine um 100 Punkte schlechtere Zahl haben als er selbst, beträgt sein Erwartungswert 0,64. Dies bedeutet, dass seine Elo-Zahl gleich bleibt, wenn er 64 Prozent der möglichen Punkte erzielt; ist seine Ausbeute höher, liegt seine Turnierleistung über seiner aktuellen Elo-Zahl, im gegenteiligen Fall darunter. Liegt seine eigene Zahl 200 Punkte über dem Durchschnitt seiner Gegner, steigt sein Erwartungswert auf 0,76; hat er 100 oder 200 Punkte weniger als seine Gegner, sinkt der Wert entsprechend auf 0,36 oder 0,24; entspricht seine Zahl genau dem Gegnerschnitt, liegt sein Erwartungswert naturgemäß bei 0,5. Aus der tatsächlich erzielten Anzahl der Punkte in Abhängigkeit vom Elo-Schnitt der Gegner berechnet sich die Turnierleistung. Diese Turnierleistung wird wiederum nach einem bestimmten Faktor mit der bestehenden Elo-Zahl verrechnet, wobei der Faktor von der Anzahl der Partien und dem Alter abhängt, Letzteres um Leistungssteigerungen bei Jugendlichen schneller abbilden zu können. Ein entscheidender Unterschied zu anderen Ranglistensystemen besteht darin, dass nur tatsächlich gespielte Partien gewertet werden, während beispielsweise im Tennis eine Turnierpause zu einem Absturz in der Weltrangliste führt.

Die Elo-Zahl ist für professionelle Schachspieler von großer Bedeutung, da sie ein wesentliches Argument bei der Aushandlung von Honoraren und Antrittsgeldern ist. Auch wird sie von den Organisatoren der Einladungsturniere berücksichtigt, da sich die offizielle Kategorie eines Turniers nach dem Elo-Schnitt der Teilnehmer bemisst. Während bis zum Jahr 2000 die FIDE nur zweimal im Jahr neue Ranglisten veröffentlichte, wurde die Frequenz seitdem mehrfach gesteigert, seit 2012 werden jeden Monat neue Elo-Listen veröffentlicht. Der Weltranglistenerste kommt aktuell (März 2019) auf eine Elo-Zahl von 2845, die Nummer 100 der Welt auf 2655, die beste Frau, Hou Yifan, auf 2662, gute Amateure liegen bei etwa 2000 Elo-Punkten. Daneben gibt es auch nationale Wertungszahlen, in die auch lokale Turniere einfließen; sie werden nach ähnlichem Muster wie die Elo-Zahlen berechnet.

Die Elo-Zahlen bilden auch die Grundlage für den Erwerb von Meistertiteln. «FIDE-Meister» dürfen sich Schachspieler nennen, die eine Elo-Zahl von 2300 oder höher erreicht und die entsprechenden Gebühren an die FIDE entrichtet haben. Der Titel «Internationaler Meister» (IM) setzt die Erfüllung von Normen voraus: In einem internationalen Turnier über mindestens neun Runden muss eine Turnierleistung von mindestens 2450 Elo-Punkten erbracht werden, damit eine Norm erfüllt ist. Sind mindestens zwei solcher Normen aus mindestens 27 Partien erbracht und einmal eine Elo-Zahl von 2400 oder mehr erreicht, wird der Titel verliehen. Ähnliches gilt für den Titel des «Großmeisters» (GM), nur dass für diesen Titel die Anforderungen noch höher liegen. Gefordert wird eine Turnierleistung von 2600 Elo-Punkten und eine einmal erreichte Elo-Zahl von 2500 oder mehr. Diese Titel können selbstverständlich auch von Schachspielerinnen erworben werden, daneben gibt es aber eigene, für Frauen reservierte Titel. Die Anforderungen liegen genau 200 Elo-Punkte tiefer: Für eine Norm zur «Frauengroßmeisterin» (WGM) wird eine Turnierleistung von 2400, für eine Norm zur «Internationalen Meisterin» (WIM) eine Turnierleistung von 2250 gefordert. 2018 führte die offizielle Liste der FIDE 1621 Träger des Titels «Großmeister» auf, darunter 37 Frauen, außerdem 430 Trägerinnen des Titels «Frauengroßmeisterin». Alle genannten Titel werden auf Lebenszeit vergeben, sie bleiben auch bei sinkender Spielstärke erhalten. Sie sind verbunden mit Vergünstigungen bei vielen Turnieren, beispielsweise mit dem Erlass von Startgeldern bei offenen Turnieren.

Training und Wettkampf

Im Unterschied zu anderen Sportlern trainieren Schachprofis zumeist allein: Sie spielen Partien nach, um ihr Gedächtnis mit weiteren Stellungsmustern anzureichern, studieren häufig vorkommende Endspiele, verfolgen neue Entwicklungen der Eröffnungstheorie und steigern durch Ausdauersport ihre körperliche Fitness. Aber natürlich führen Spieler auch gemeinsame Analysesitzungen durch, und auf Weltmeisterschaftskämpfe bereiten sich die Kontrahenten mit einem Team von Sekundanten in mehrwöchigen Trainingslagern vor. Dabei analysiert man die eigenen Partien, um Fehlermuster zu erkennen, aber sucht auch nach Schwächen im Spiel des Gegners. Die meiste Zeit nimmt die Eröffnungsvorbereitung in Anspruch. Schon immer versuchten Schachspieler, vor der Partie zu antizipieren, welche Eröffnung auf das Brett kommen würde, und bereiteten sich dazu speziell auf das Repertoire des Gegners vor. Im Idealfall entdeckt man in einer von dessen Lieblingsvarianten einen neuen starken Zug, den man in der häuslichen Analyse mit all seinen Konsequenzen untersucht. Selbst wenn eine «Neuerung», wie ein zuvor nicht in der Turnierpraxis anzutreffender Zug genannt wird, nicht zum sofortigen Gewinn oder zu einer überlegenen Stellung führt, bringt es erhebliche Vorteile, auf vorbereitete Varianten zurückgreifen zu können, nicht zuletzt spart man dadurch kostbare Bedenkzeit.

Durch die neuen technologischen Möglichkeiten ist die Eröffnungsvorbereitung noch wichtiger geworden. Die Entwicklung von Schachdatenbanken ist mit dem Namen der Firma «ChessBase» verknüpft, die 1987 in Hamburg gegründet wurde. Die ersten Datenbanken umfassten nur einige Tausend Partien, inzwischen aber sind Millionen von Partien verfügbar, und auch die Suchfunktionen wurden ständig erweitert. Heute ist es möglich, in wenigen Sekunden alle gespeicherten Partien des nächsten Gegners aufzurufen und sich so einen Überblick über dessen bevorzugte Eröffnungen zu verschaffen. Hat man angesichts dessen und des eigenen Repertoires eine Vorstellung, welche Eröffnung aufs Brett kommen könnte, lassen sich aus der Datenbank rasch die Partien zu einer bestimmten Variante oder Untervariante filtern. Man kann somit die Analyse auf der Basis der kompletten Turnierpraxis beginnen, was in früheren Zeiten nicht möglich war. Garri Kasparow war einer der Ersten, die den enormen Vorteil der computergestützten Partievorbereitung erkannten und für ihre Matches nutzten.

Neuer ist eine zweite technologische Entwicklung: Während in der ersten Phase von ChessBase die Computer nur das Material lieferten, die Analysearbeit aber durch die Spieler selbst erfolgte, sind inzwischen die Schachprogramme so stark geworden, dass eine Vorbereitung ohne sie nicht mehr denkbar ist. In der Praxis sieht das so aus, dass man in einer Position, die möglicherweise in der kommenden Partie entstehen könnte, den Computer mit sinnvoll erscheinenden Zügen «füttert» und dann eine Weile kalkulieren lässt. Kommt der Computer zum Ergebnis, dass ein bestimmter Zug gute Chancen verspricht, schaut man sich die Variante intensiver an. Insbesondere bei scharfen Stellungen, in denen es viele konkrete Varianten zu berechnen gilt, bringt die computerunterstützte Vorbereitung große Vorteile. Zwar ist es inzwischen selten, dass in beliebten Eröffnungen Neuerungen gefunden werden, die zur grundlegenden Umbewertung ganzer Varianten führen, doch es reicht schon aus, den Gegner mit einem neuen Zug vor die Aufgabe zu stellen, sich in einem ihm unbekannten Variantengewirr am Brett zurechtfinden zu müssen. In der Regel ist es der Spieler mit den weißen Steinen, der aufgrund des Anzugsvorteils in der Eröffnung um Vorteil kämpft, während unter gleichstarken Spielern Schwarz zunächst um Ausgleich bemüht ist. Wenn hingegen Weiß ein Remis anstrebt, muss Schwarz im Spitzenschach hohe Risiken eingehen, um Gewinnchancen zu erlangen. Deshalb ist es wichtig, auch mit den schwarzen Steinen eine scharfe Eröffnung im Repertoire zu haben, die nicht in ein Remis mündet, wenn der Gegner dies anstrebt.

Es wird häufig beklagt, dass die Eröffnungsvorbereitung eine zu große Bedeutung besitze. Manche beliebten Varianten sind bis zum 30. Zug oder sogar darüber hinaus analysiert worden; wer sich auf sie einlässt, muss eine Unmenge an Varianten im Kopf haben. Auch sehr starke Großmeister mussten schon Niederlagen quittieren, weil sie die richtigen Züge zwar vorbereitet, aber im Dschungel der vielen Varianten vergessen hatten und sich am Brett nicht zurechtfanden. Für Schachspieler gibt es kaum eine frustrierendere Erfahrung, als eine Partie zu verlieren, weil man dem Gegner in die häusliche Vorbereitung gelaufen ist. Für den Sieger mag das im Gegenzug ein bequemer Erfolg sein, aber für das Schach als Wettkampfsport ist es eher unbefriedigend. Viel häufiger noch sind fast kampflose Remispartien, wenn beide Kontrahenten eine Variante in der Vorbereitung bis zum Dauerschach oder einer völlig ausgeglichenen Stellung, in der keine Seite ernsthafte Gewinnversuche unternehmen kann, analysiert haben. Selbst spektakulär aussehende Opfer erweisen sich bisweilen als forcierte Remisvarianten, wenn der Gegner sich darauf vorbereitet hat. Gegen solches «Retortenschach» gibt es allerdings ein wirksames Mittel, den Kampf von der Vorbereitung wieder auf die eigentliche Partie zu verlagern: Anstatt die beliebtesten und am besten analysierten Eröffnungen zu spielen, weichen manche Spieler auf Nebenvarianten aus, die als harmlos gelten und keinen Vorteil versprechen, jedoch schon früh in der Partie beide Spieler dazu zwingen, selbst zu denken, ohne auf Eröffnungswissen zurückgreifen zu können. Gerade Magnus Carlsen strebt auch mit Weiß gerne ruhige ausgeglichene Stellungen an, aus denen er seine Gegner mit kleinen Schritten zu überspielen trachtet. Viele Organisatoren von Turnieren nehmen inzwischen bei ihren Einladungen mehr Rücksicht darauf, welche Spieler attraktives Kampfschach versprechen, als auf die bloße Elo-Zahl.

Eine ganz radikale Lösung für das Problem der überbordenden Eröffnungsvorbereitung liefert Schach960, eine Spielart des Schachs, die ursprünglich auf Bobby Fischer zurückgeht. Hier wird die Stellung der Figuren auf der ersten und der letzten Reihe ausgelost, jedoch mit Einschränkungen: Die beiden Läufer müssen auf unterschiedlichen Farben, der König zwischen den beiden Türmen stehen. Die Symmetrie zwischen weißen und schwarzen Figuren bleibt gewahrt, die Stellung der Bauern unangetastet. Von dieser Grundstellung aus wird nach den üblichen Schachregeln gespielt. Bei 960 möglichen Grundstellungen ist jeder Versuch, sich auf mögliche Eröffnungen vorzubereiten, hinfällig. Seit 1996 werden Turniere in Schach960 ausgetragen, und üblicherweise setzen sich hier diejenigen Spieler durch, die auch aus der normalen Grundstellung heraus stärker sind. Die Vor- und Nachteile von Schach960 liegen auf der Hand: Einerseits ist die Neutralisierung der Eröffnungsvorbereitung zu begrüßen, andererseits ist die klassische Figurenaufstellung harmonischer.

Bei vielen Opens werden zwei Partien am Tag gespielt, bei Spitzenturnieren hingegen nur eine, die in aller Regel am Nachmittag beginnt und sich bis in den späten Abend hinziehen kann. Mit anschließender Pressekonferenz und Analyse wird es dann sehr spät, ehe die Spieler ins Bett kommen. Am Vormittag und an den Ruhetagen, die bei Weltmeisterschaftskämpfen nach jeweils zwei Partien eingeschoben werden (bei anderen Turnieren seltener), wird die anstehende Partie vorbereitet, insbesondere die möglichen Eröffnungen. Bei Weltmeisterschaftskämpfen arbeiten die Sekundanten häufig intensiv in der Nacht, um in einer Variante, die in einer früheren Matchpartie auf das Brett gekommen ist, Verbesserungen zu suchen, die sie dem Champion dann am nächsten Tag präsentieren können. In manchen Wettkämpfen gab es eine regelrechte «Debatte» über eine Variante, die im Matchverlauf mit immer neuen Feinheiten gespielt wurde. Beim Titelkampf zwischen Garri Kasparow und Anatoli Karpow in Sevilla 1987 waren die fünfte, siebte, neunte und elfte Partie bis zum 14. Zug von Weiß identisch – die «Sevilla-Variante» der Grünfeld-Indischen Verteidigung war geboren. Neben konkreten Varianten werden an Vormittagen und Ruhetagen auch allgemeine Aspekte des Matches besprochen: Welche Schwächen hat der Gegner bislang gezeigt, und in welchen Stellungstypen hat er besonders stark gespielt? Wäre ein Remis in der folgenden Partie ein gutes Ergebnis, was eine vorsichtige Herangehensweise nahelegen würde, oder soll mit vollem Risiko auf Gewinn gespielt werden? Außerdem werden die Ruhetage für körperlichen Ausgleich genutzt, insbesondere Magnus Carlsen ist dafür bekannt, bei langen Turnieren durch Fußballspielen einen frischen Kopf zu bewahren.

Die Gedanken eines Schachspielers: das Geheimnis von Spielstärke

Die Fähigkeiten, die für Erfolg am Schachbrett benötigt werden, sind vielfältig. Zunächst einmal sind Eigenschaften nötig, die nicht schachspezifisch sind: körperliche Fitness und das Vermögen, sich über mehrere Stunden zu konzentrieren, daneben Nervenstärke, um auch in kritischen Stellungen und bei knapper Bedenkzeit die richtigen Entscheidungen treffen zu können. Außerdem ist Objektivität von großer Bedeutung, um die Auswahl der Züge unbeeinflusst von Angst und Euphorie zu treffen, also das Potenzial der eigenen Stellung weder zu über- noch zu unterschätzen. Es ist am Brett nicht einfach, den bisherigen Partieverlauf auszublenden, und häufig sucht ein Spieler, der lange Zeit eine vorteilhafte Stellung hatte, in inzwischen ausgeglichener Position nach Gewinnwegen, was zu hohem Zeitverbrauch und übermäßigem Risiko führen kann. Spitzenspieler sind besser in der Lage, die aktuelle Situation nüchtern einzuschätzen.

Die schachspezifischen Fähigkeiten lassen sich grob einteilen in «Wissen», «Rechnen» und «Fühlen». Von Eröffnungswissen war schon die Rede, aber auch im Endspiel gibt es viele Stellungen, die man im Gedächtnis haben muss. Dazu zwei Beispiele (Abb. 4 und 5).

Beide Stellungen sind trotz des materiellen Ungleichgewichts remis. Mit Läufer und Randbauer kann man nicht gewinnen, wenn der Läufer nicht die Farbe des Umwandlungsfeldes hat und der gegnerische König das Umwandlungsfeld beherrscht. Turmendspiele mit zwei Mehrbauern sind in aller Regel gewonnen, doch bei verbliebenen f- und h-Bauern (oder analog a- und c-Bauern) ist die Stellung remis, wenn der gegnerische König vor den Bauern steht und nicht auf der Grundreihe abgeschnitten ist. Stehen diese Stellungen erst einmal auf dem Brett, ist die linke Stellung auch für ungeübte, die rechte Stellung für gute Spieler leicht remis zu halten, doch auf den ersten Blick sehen sie nach weißem Gewinn aus. Deshalb wird, wer diese Stellungen nicht kennt, sie als Schwarzer womöglich unbedingt vermeiden wollen und deshalb schlechtere Optionen wählen. Es gibt

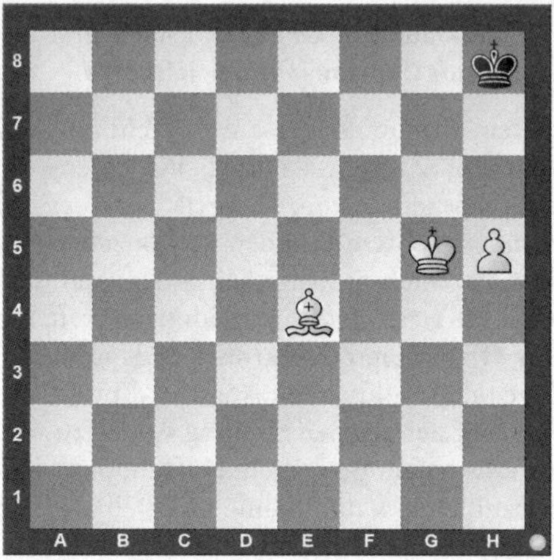

Abb. 4: Remisstellung mit Randbauer und Läufer der «falschen» Farbe

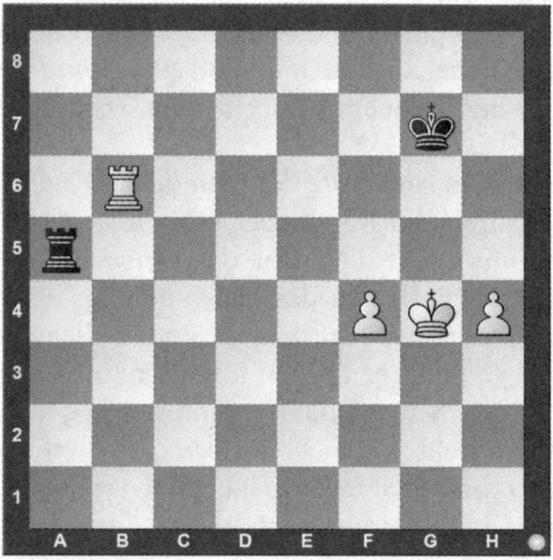

Abb. 5: Remisstellung mit f- und h-Bauern im Turmendspiel

zahlreiche solcher Positionen mit wenigen verbliebenen Figuren, deren Kenntnis bei Endspielen enorme Vorteile bringt.

Mit «Rechnen» ist die Vorausberechnung konkreter Zugfolgen gemeint, üblicherweise wird dies mit dem Begriff «Taktik» bezeichnet. Eine häufige Frage an Schachspieler lautet, wie viele Züge im Voraus sie berechnen können. Das lässt sich nicht pauschal beantworten, es hängt ganz vom Stellungstyp ab. In manchen Endspielen, in denen es für beide Spieler nur eine beschränkte Anzahl an Zügen gibt, können starke Spieler problemlos 15 Züge und mehr vorausberechnen. Hingegen ergeben sich in offenen Stellungen, das heißt ohne Bauernketten im Zentrum, welche die Zugmöglichkeiten der Offiziere und den möglichen «Feindkontakt» einschränken, bei noch zahlreichen verbliebenen Figuren bisweilen sehr stark verzweigte Variantenbäume, die auch Spitzenspielern eine saubere Vorausberechnung über mehr als acht Züge unmöglich machen. Und schließlich hat das Variantenrechnen je nach Stellungstyp eine große oder geringe Bedeutung. In der eingangs dieses Bandes abgebildeten Position aus dem Wettkampf Lasker gegen Schlechter sind die Spieler ausschließlich mit Variantenrechnen beschäftigt, da beide Könige recht ungeschützt stehen und mehrere Figuren ungedeckt sind. Allgemeine strategische Merkmale spielen hier nur eine untergeordnete Rolle.

Andererseits gibt es Positionen, in denen das Berechnen von Varianten für die Auswahl des nächsten Zuges nur geringe Relevanz besitzt, da langfristige Pläne im Vordergrund stehen (Abb. 6).

Weiß besitzt einen Mehrbauern, doch dieser ist schwer zu verwerten, da die verbliebenen Läufer auf verschiedenen Farben stehen; der weiße Freibauer auf a5 kann nicht weiter vorrücken, da Schwarz das Feld a6 zuverlässig kontrolliert. Ein Spieler von Botwinniks Kaliber weiß, was in einer solchen Situation zu tun ist: Um Gewinnchancen zu erhalten, muss er auf der anderen Seite des Bretts Linien öffnen, und dazu muss er dort seine eigenen Bauern vorstoßen. Deshalb spielte er 29. g4 und 30. h4. Diese Züge wird er ausgeführt haben, ohne konkrete Varianten zu berechnen, denn taktische Scharmützel liegen noch außer-

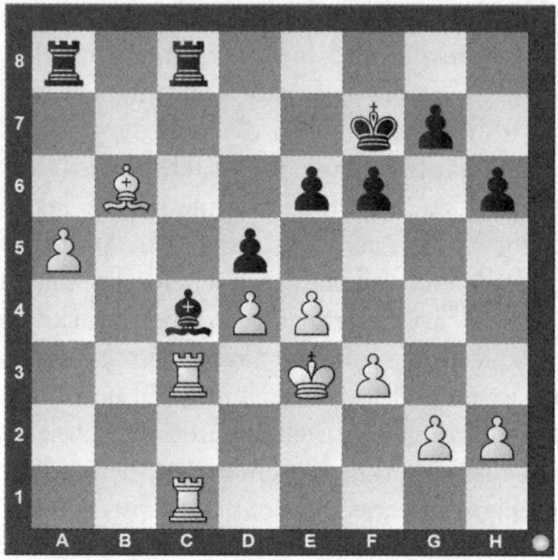

Abb. 6: Botwinnik – Tal, Weltmeisterschaftskampf 1961, 11. Partie. Stellung nach dem 27. Zug von Schwarz

halb des Rechenhorizonts. Sobald seine Bauern Kontakt mit den schwarzen Bauern hatten, wurde durchaus Variantenberechnung notwendig, Botwinnik gewann schließlich die Partie.

Botwinnik verfolgte hier einen Plan, der aus einer Betrachtung der Stellung anhand eines strategischen Lehrsatzes erfolgte: «Hast du an einem Flügel einen Vorteil, kommst dort aber nicht weiter, öffne die Stellung auch auf dem anderen Flügel.» Solche Lehrsätze gibt es für das Positionsspiel in großer Anzahl, hier eine kleine Auswahl: «Türme gehören hinter die Freibauern.» «Solange du noch nicht rochiert hast, vermeide eine Öffnung des Zentrums.» «Springer am Rand bringt Kummer und Schand.» «Vermeide Doppelbauern.» «Auf einen gegnerischen Angriff am Flügel reagierst du am besten mit einem Gegenstoß im Zentrum.» Das Problem all dieser Weisheiten ist, dass sie häufig zutreffen, aber eben nicht immer. Meistens stehen Springer am Rand schlecht, weil sie dort weniger Zugoptionen haben als im Zentrum, aber manchmal sind Randspringer auch sehr stark. Meistens sind Doppelbauern schwach, manchmal aber kontrollieren sie die wichtigsten Felder. Ein Konter im

Zentrum als Reaktion auf einen gegnerischen Flügelangriff ist gut, abgesehen von den Fällen, in denen er schlecht ist. Eine Schachposition hat eine komplexe Fülle von Merkmalen, kleinste Nuancen können die Stellungseinschätzung substanziell verändern und damit auch die Bewertung von Zügen und Plänen.

Wenn der Schachspieler Zugfolgen berechnet, der Variantenbaum aber nicht beim Matt oder einer ganz klaren Stellung endet, dann ist er gezwungen, die sich ergebenden Stellungen einzuschätzen. Und das ist der Normalfall in einer Schachpartie, die korrekte Bewertung der potenziellen Stellungen ist entscheidend für die Stärke eines Spielers. Er greift hier auf seinen Wissens- und Erfahrungsschatz zurück, muss dabei aber die konkrete Situation auf dem Brett im Blick haben. Wie genau die Entscheidung für einen Zug zustande kommt, ist nicht zu erklären, auch nicht von den Spielern selbst, denn die kognitiven Prozesse im Gehirn finden zum Großteil jenseits des Bewusstseins statt. Nachvollziehbar ist die Kalkulation von Varianten, aber warum der Spieler in einer Stellung die Figurenaktivität höher gewichtet als Bauernschwächen und in einer nur um Nuancen verschiedenen nicht, bleibt rätselhaft. Oft können die Spieler Partien nennen, die sie bei ihrer Zugauswahl berücksichtigten, aber welche von den Zehntausenden von Stellungen, die sie schon einmal gesehen haben, noch eine Rolle gespielt haben, kann niemand sagen.

Noch rätselhafter ist die Auswahl der Züge, die überhaupt einer näheren Betrachtung unterzogen werden. In einer Stellung, in der es hundert oder mehr regelkonforme Züge gibt, schauen sich starke Spieler in der Regel nur einige wenige genauer an, alle übrigen schließen sie von vornherein aus. Diese Filterung ist eine wesentliche Facette von Spielstärke, was insbesondere beim Simultanschach deutlich wird. Wer 30 Partien oder mehr gleichzeitig spielt, kann nicht in jeder Partie bei jedem Zug Varianten berechnen. Vielmehr macht der Simultanspieler, wenn er ans Brett tritt, zumeist den ersten Zug, der ihm beim Blick auf die Stellung in den Sinn kommt. Dies mag nicht immer der beste Zug sein, doch zumeist mindestens der dritt-

oder viertbeste und auf jeden Fall ein stärkerer als der Gegenzug seines ungeübten Gegners, auch wenn dieser viel mehr Zeit zum Überlegen hat. Ein starker Spieler «fühlt» eben, welche seiner Figuren schlecht postiert ist, er «weiß» die Felder, auf die sie gebracht werden muss, er «spürt», wann die Stellung reif für einen Königsangriff ist. Aber warum genau dem starken Spieler nur die starken Züge in den Sinn kommen, die anderen nicht, ist nicht präzise zu erklären, so dass auch den Spielern selbst das Geheimnis ihrer Spielstärke verborgen ist. Oder, wie ein unter Schachspielern verbreitetes Bonmot besagt: «Dass du stärker geworden bist, merkst du nur daran, dass die Gegner plötzlich schwächer spielen.»

Die Theorien, wie man am Brett den richtigen Zug findet und wie man im Training die Spielstärke verbessert, haben sich im Verlauf der modernen Schachgeschichte stark verändert. Die Jahrzehnte vor und nach 1900 waren von erbittertem Streit um die rechte Lehre geprägt. Steinitz hatte eine allgemeine Theorie des Positionsspiels entwickelt, wonach es in einer ausgeglichenen Stellung darauf ankomme, kleine Vorteile anzuhäufen. Wer hingegen ohne Positionsvorteil attackiere, würde bei richtigem Spiel des Gegners zwangsläufig in einer schlechten Lage enden. Diese Lehre vertrat er in zahlreichen Publikationen, ihre Gegner griff er scharf an, diese schlugen bei ihrer Polemik gegen Steinitz' Lehren verbal hart zurück. Noch berühmter ist der Streit zwischen Siegbert Tarrasch (1862–1934) und Aaron Nimzowitsch (1886–1935). Beide gehörten zu den besten Schachspielern ihrer Zeit, und beide legten in Artikeln und Lehrbüchern ihre Ansichten vom Positionsspiel dar, gerade in scharfer wechselseitiger Polemik, wobei sich dogmatische Meinungsunterschiede und persönliche Animositäten vermischten. Tarrasch, wegen seines belehrenden Auftretens auch «Praeceptor Germaniae» (Lehrmeister Deutschlands) genannt, vertrat die Lehre, dass das Zentrum am besten mit Bauern zu besetzen sei, dagegen brachten Nimzowitsch und andere «Hypermoderne» vor, das Zentrum sei besser mit Figuren zu kontrollieren. Den Zug 3. e4–e5 gegen die Französische Verteidigung, die «Vorstoßvariante», lehnte Tarrasch ab, Nimzowitsch hingegen hielt ihn für stark.

Den isolierten Bauern auf d4 bzw. d5, der in vielen Eröffnungen entsteht, hielt Tarrasch für gut, Nimzowitsch für schwach, und so wurde auch über viele weitere Stellungsmerkmale erbittert gestritten.

Die Zeit strategischer Grundsatzdebatten ging in den 1930er Jahren zu Ende. In den Jahrzehnten nach dem Zweiten Weltkrieg wurde, vor allem in der schachlich dominierenden Sowjetunion, die flexible und auf die konkrete Situation bezogene Betrachtung aller Stellungsmerkmale betont, wobei besonderer Wert auf die Planfindung gelegt wurde. Zu Klassikern avancierten die Bücher «Denke wie ein Großmeister» (1970) und «Spiele wie ein Großmeister» (1978) des russischen Großmeisters Alexander Kotow (1913–1981). Kotow erläuterte darin eine Theorie der Stellungselemente, die er in zwölf dauerhafte (Materialvorteil, Königsstellung, Bauernschwächen, Läuferpaar etc.) und fünf zeitweilige (Raumvorteil, Entwicklungsvorsprung etc.) unterteilt. Aus der Betrachtung der Stellungselemente, gleichsam aus der Natur der Stellung, würde sich der richtige Plan ergeben, der durch konkrete Variantenberechnung überprüft werden müsse. Kotow betonte, dass es nicht nur möglich, sondern unbedingt notwendig sei, aus den Stellungsmerkmalen einen Plan zu entwickeln; das obige Partiefragment aus dem Wettkampf Botwinniks gegen Tal diente ihm als ein Beleg dafür. Gemäß Kotow sei sogar selbst das Verfolgen eines schlechten Plans immer noch besser, als ohne Plan zu spielen.

In neueren Werken ist man von einer solchen Betonung der Planfindung abgerückt, vielmehr wird der Wert strategischer Lehrsätze generell in Frage gestellt. John Watson, ein US-amerikanischer Internationaler Meister, analysierte in seinem Werk «Geheimnisse der modernen Schachstrategie. Fortschritte seit Nimzowitsch» (1998) umfassend die Entwicklung des Positionsspiels und nahm dabei auch statistische Erhebungen vor, zum Beispiel zu den Gewinnchancen mit zwei Läufern gegen Läufer und Springer bei sonst gleichem Material. Seine zentrale Erkenntnis lautete, dass konkrete Variantenberechnung den Vorrang vor allgemeinen positionellen Erwägungen haben müsse. Der schottische Großmeister Jonathan Rowson ging in «Schach für Zebras. Anders Denken über Schwarz und Weiß» (2005) noch einen Schritt weiter, indem er es zu einem Merkmal gerade der starken Spieler erklärte, sich bei der Zugauswahl nicht von allgemeinen Lehrsätzen leiten zu lassen. Den Endpunkt dieser Entwicklung markiert ein Buch mit dem provokanten Titel «Erst Ziehen, dann Denken. Sinn und Unsinn im Schachtraining» (2012) des holländischen Internationalen Meisters und Schachtrainers Willy Hendriks. Nach dessen Meinung ist Schach eine rein räumlich-visuelle Angelegenheit, «Sprache hat hier nichts verloren». Die richtige Herangehensweise in einer Schachpartie sei es, verschiedene Zugoptionen gleichsam auszuprobieren, indem man sie durchrechne. Hingegen sei es nicht möglich, anhand von Stellungsmerkmalen und allgemeinen Überlegungen auf starke Züge zu kommen, denn Stellungsmerkmale seien nur anhand von konkreten Zugfolgen wirksam, besäßen folglich keinen eigenständigen Wert. Auf diese Weise ebnet Hendriks auch den Unterschied zwischen Taktik und Strategie ein. Der Unterschied zwischen starken und schwachen Spielern sei ein quantitativer: Erstere hätten mehr Partien nachgespielt und – bewusst oder unbewusst – im Gedächtnis gespeichert, so dass ihnen die stellungsgemäßen Züge einfielen.

Damit sind die drei preisgekrönten, viel verkauften und viel zitierten Bücher genannt, die in den letzten zwei Jahrzehnten die Debatte über die richtige Lehre vom Schach geprägt haben. Die Dominanz des Konkreten hat die Lehre der allgemeinen Stellungsmerkmale abgelöst, heutzutage lautet der am häufigsten ausgesprochene Gemeinplatz unter Schachspielern: «Schach ist ein sehr konkretes Spiel.» Am Schachbrett selbst allerdings gibt es keinen fundamentalen Wandel. Erstens ist die Kritik an angeblichen «Dogmatikern» wie Kotow zum Großteil Selbststilisierung, denn um sich als Freigeist präsentieren zu können, ist bekanntlich eine Kontrastfolie hilfreich. Schach ist für einen Dogmenstreit auch nicht geschaffen, weil es einen Kampfplatz gibt, auf dem die verschiedenen Anschauungen und Ansätze im Wettstreit mit messbarem Ergebnis konkurrieren können: Schachpartien und Schachturniere. Auf Feldern wie Kunst oder Wissenschaft entscheidet die relevante soziale Gemeinschaft darüber, was gut und was weniger gut ist, beim Schach ist eine objektive Qualitätsprüfung möglich. Und deshalb wird kein Schachspieler einen guten Zug verschmähen, der ihm Vorteil verspricht, nur weil er manchen seiner allgemeinen Prinzipien widerspricht. Hätten Tarrasch, Nimzowitsch oder Kotow sich nicht den konkreten Erfordernissen der Stellungen angepasst, wären sie nicht so erfolgreich gewesen. Und zweitens schießt Hendriks bei seiner Betonung des Konkreten über das Ziel hinaus. Sein Buch enthält zahlreiche Übungsaufgaben, in denen ein Zug zu finden ist, der nach kurzen Varianten zum Matt oder zu klarem Materialvorteil führt. In solchen Situationen sind strategische Lehren in der Tat irrelevant, aber es handelt sich nicht um den Normalfall in einer Partie. Denn wie oben ausgeführt, stehen üblicherweise uneindeutige Stellungen am Ende des Variantenbaums, und um diese zu bewerten, kommen Schachspieler um sprachlich vermittelte Kriterien nicht herum.

Gern wird die Frage gestellt, wie die Meister früherer Epochen bei heutigen Turnieren abschneiden würden. Es macht nicht viel Sinn, darüber zu diskutieren, wie stark ein Lasker oder ein Aljechin – würden sie heute leben und auf ChessBase und starke Computerprogramme zugreifen können – spielen würden. Doch kann man sehr wohl sagen, dass sich das Niveau des Spitzenschachs verbessert hat, denn nicht nur die Eröffnungstheorie, sondern auch die Strategie hat sich weiterentwickelt. Qualitätsopfer gehen heutigen Großmeistern leichter von der Hand, und in vielen Stellungstypen nehmen sie ohne Zögern Doppelbauern in Kauf, weil sie viele Beispiele aus der Praxis kennen, in denen sich dies bewährt hat. Auch haben die Computer mit ihrer ganz konkreten, auf der Berechnung von Millionen von Zugfolgen beruhenden Herangehensweise neue Ideen eingeführt. Wenn die Fehlerhäufigkeit im Endspiel im Vergleich zu früheren Jahrzehnten zugenommen hat, ist das nicht darauf zurückzuführen, dass die Spieler in diesem Bereich schwächer geworden seien. Vielmehr ist dafür die Veränderung des Spielmodus verantwortlich, denn während früher die Partien abgebrochen und nach Pause und Analyse fortgesetzt wur-

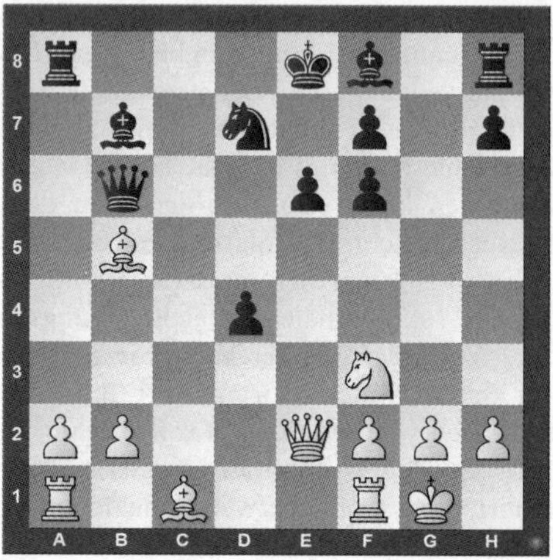

Abb. 7: Kramnik – Anand, Weltmeisterschaftskampf 2008, 5. Partie. Stellung nach dem 15. Zug von Weiß

den, werden Endspiele heute häufig in der sechsten und siebten Spielstunde ausgespielt.

Zum Abschluss dieser Ausführungen einige Schlaglichter aus einer Weltmeisterschaftspartie, die kritische Momente eines Kampfes beleuchten (Abb. 7).

Gespielt wurde die Meraner Variante der Slawischen Verteidigung. Die entstandene Stellung ist sehr scharf, da stark asymmetrisch: Weiß hat auf dem Damenflügel zwei verbundene Freibauern, Schwarz eine Bauernmasse im Zentrum. Die Stellung hatte bereits zuvor in der dritten Matchpartie auf dem Brett gestanden, Anand hatte 15… Lf8–d6 gespielt und nach wechselhaftem Kampf gesiegt. Dass Kramnik sich erneut auf diese Variante einließ, ließ darauf schließen, dass er und sein Team dagegen etwas vorbereitet hatten, doch Anand kam ihm mit einer Überraschung zuvor. Er spielte hier 15… Th8–g8, ein alternativer Zug, den er, wie auch 15… Lf8–d6, mit seinen Sekundanten im Vorfeld des Wettkampfs analysiert hatte. Er konnte bei den folgenden Zügen noch auf seine Vorbereitung zurückgreifen, Kramnik nicht. Zwar spielte dieser in der Folge gut,

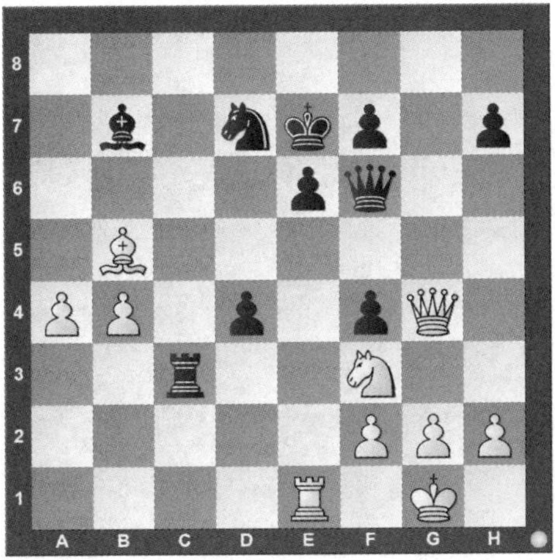

Abb. 8: Kramnik – Anand, Weltmeisterschaftskampf 2008, 5. Partie. Stellung nach dem 28. Zug von Schwarz

aber er verbrauchte viel mehr Bedenkzeit. Es folgte ein Kampf, der lange im Rahmen eines dynamischen Gleichgewichts verlief, bis sich die Waagschale zugunsten Anands neigte (Abb. 8).

Weiß ist es gelungen, seine Freibauern nach vorne zu schieben, für Schwarz hingegen spricht die bessere Kontrolle der Zentrumsfelder. Nach 29. Sf3–d2 oder 29. Lb5xd7 bliebe die Lage unklar. Doch Kramnik spielte hier 29. Sf3xd4?, was nach der erzwungenen Folge 29… Df6xd4 30. Te1–d1 Sd7–f6 31. Td1xd4 Sf6xg4 32. Td4–d7+ Ke7–f6 33. Td7xb7 Tc3–c1+ 34. Lb5–1 zu folgender Stellung führte (Abb. 9).

Bis hierhin hatte Kramnik gerechnet. Die Stellung sieht auf den ersten Blick vielversprechend für ihn aus, denn im Endspiel sind die verbundenen Freibauern auf dem Damenflügel eine Macht. Doch Anand hatte einen Zug weiter gerechnet und spielte 34… Se3!! Dieses Springeropfer gewinnt sofort, denn nach 35. f2xe3 f4xe3 gibt es für Weiß keine Möglichkeit mehr, den schwarzen Bauern an der Umwandlung zu hindern. Kramnik gab auf, Anand ging durch diesen Sieg vorentscheidend mit 3,5 : 1,5 in Führung und gewann schließlich das Match.

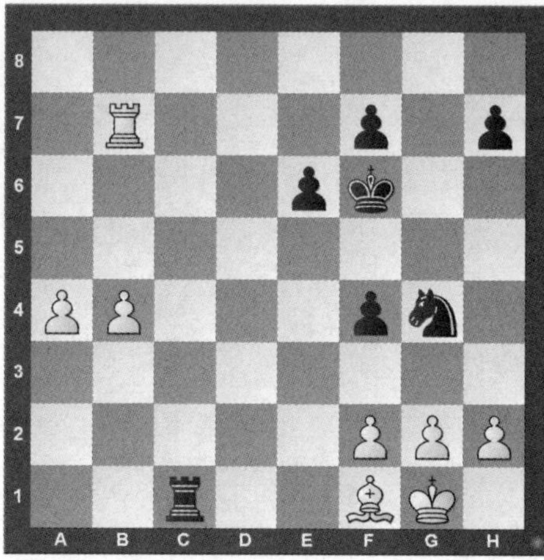

Abb. 9: Kramnik – Anand, Weltmeisterschaftskampf 2008, 5. Partie. Stellung nach dem 34. Zug von Weiß

Psychologie, Doping, Computerbetrug

Ein wichtiger Faktor für Erfolg im Wettkampfschach wurde bislang nur am Rande genannt: mentale Stabilität. Eine Schachpartie ist ein intensiver Kampf und häufig ein Wechselbad der Gefühle: Die Euphorie, gut aus der Eröffnung gekommen zu sein, währt bis zu einem eigenen Fehler, nachdem man von einem starken gegnerischen Zug überrascht wird. Die Sorge um die knapper werdende Bedenkzeit mischt sich mit der Freude, nach einer Ungenauigkeit des Gegners eine vorteilhafte Stellung erlangt zu haben, und so weiter. Dies alles ist eine Belastung für die Nerven, und hinzu kommt das Wissen darum, dass ein einziger Fehler eine bis dahin perfekt gespielte Partie ruinieren kann. Psychologische Kriegsführung, in der Öffentlichkeit gerne mit Schachwettkämpfen verbunden, spielt dagegen eine geringere Rolle, von Ausnahmen wie den Matches zwischen Karpow und Kortschnoi abgesehen. Fischers häufige Beschwerden über die Spielbedingungen sind eher als Ausdruck seiner Paranoia, Kasparows markige Sprüche über seine Gegner eher als Facette seines Selbstbewusstseins zu verstehen denn als gezielte Maßnahmen, das Spiel der Gegner negativ zu beeinflussen. Selbstverständlich gibt es beim Schach auch psychologische Spielchen: Eine vorbereitete Neuerung in der Eröffnung kann man zügig auf das Brett knallen, um den Gegner zu schocken, man kann aber auch einige Zeit für den Zug verwenden, damit der Gegner im Unklaren bleibt, ob der Zug schon zu Hause analysiert oder erst am Brett gefunden wurde. Doch das gilt nicht als unsportlich, im Allgemeinen finden Schachpartien, auch auf höchster Ebene, in freundschaftlicher Atmosphäre statt. Unter Schachspielern ist es üblich, nach dem Kampf die Partie gemeinsam zu analysieren und die Gedanken zu bestimmten Stellungen und Varianten auszutauschen.

Eine absurde Seite des Wettkampfschachs ist die Dopingthematik. Im Zuge von – letztlich gescheiterten – Bestrebungen, Schach als Sportart bei den Olympischen Spielen zu etablieren, war von der FIDE die Übernahme der Dopingregeln des Internationalen Olympischen Komitees beschlossen worden. Schachspielern wurde damit die Einnahme von muskelaufbauenden Präparaten verboten, die in ihrem Fall selbstverständlich nicht leistungssteigernd sind. Relevanter sind Substanzen, welche die Konzentrationsfähigkeit erhöhen, doch es fehlen seriöse Studien, die deren Wirkung über eine gesamte Partie oder, noch wichtiger, über ein gesamtes Turnier belegen. Jedenfalls werden Dopingkontrollen als Ärgernis betrachtet, und zwar als ein völlig unsinniges, weil niemand eine Wettbewerbsverzerrung durch Doping befürchtet. Viel ernster ist dagegen das Thema Computerbetrug. Da heutzutage jedes Smartphone Zugriff auf große Partiendatenbanken und starke Computerprogramme hat, müssen Schachspieler diese bei höherklassigen Turnieren beim Schiedsrichter abgeben, bevor die Partie beginnt. Dennoch gibt es immer wieder Betrugsfälle, ob nun Signale mit Kopfhörern, unter üppigem Haupthaar verborgen, empfangen werden, ob bei häufigen Toilettenbesuchen das unerlaubt mitgeführte Smartphone zu Rate gezogen wird oder ob Komplizen die von ihrem Computer empfohlenen Züge mit zuvor abgesprochenen Zeichen an die Spieler übermitteln. All dies ist schon auf hoher

Ebene nachweislich vorgekommen, die Betroffenen wurden für einige Zeit gesperrt.

«Genie» und «Wahnsinn»

Anekdoten über paranoide Schachspieler gibt es in großer Anzahl. Bobby Fischer ist das Paradebeispiel für einen Menschen «zwischen Genie und Wahnsinn», vor kurzem wieder aktualisiert durch den Spielfilm «Bauernopfer – Spiel der Könige» (2014), in dem gerade dieses Klischee im Zentrum der Darstellung steht. Der erste Weltmeister, Wilhelm Steinitz, soll Gott zu einer Partie Schach herausgefordert haben, er endete in einer Psychiatrie, und mit dem Amerikaner Paul Morphy (1837–1884) liegt ein noch früheres Beispiel für ein «verrücktes Schachgenie» vor. Morphy sorgte bei einer Europareise 1858/59 für Aufsehen, weil er die stärksten Meister des Alten Kontinents schlug und auch mehrere Vorstellungen im Blindsimultan gab. Nach seiner Rückkehr in die USA zog er sich vom Schach zurück und isolierte sich zunehmend, weil er Mordanschläge aus seiner Verwandtschaft witterte, er starb mit 47 Jahren an einem Schlaganfall. In einem Essay von 1930 beschrieb der britische Psychoanalytiker Ernest Jones (1879–1958), ein Schüler und Biograph Sigmund Freuds, die psychische Zerrüttung Paul Morphys als Folge seiner frühen Fokussierung auf das Schachspiel. Stefan Zweig schildert in seiner «Schachnovelle», wie das Spiel die Kontrolle über die Persönlichkeit gewinnt, und prägte dafür den Begriff der «Schachvergiftung».

Doch bei nüchterner Betrachtung bleibt von dem Klischee des Schachspielers «zwischen Genie und Wahnsinn» wenig übrig. Erstens gehen die Begriffe «Genie» und «Wahnsinn» Wissenschaftlern heute nicht mehr so leicht über die Lippen wie früher, da man ihre Unschärfe erkannt hat. Zweitens haben Untersuchungen gezeigt, dass Schachmeister nicht notwendigerweise über eine gewaltige allgemeine Intelligenz verfügen müssen, es konnte keine Korrelation zwischen dem IQ und der Elo-Zahl gefunden werden. Ebenso wenig gibt es Hinweise darauf, dass Schachspieler besonders häufig an psychischen Krankheiten leiden würden. Auch die Gefährlichkeit des Blindsimultanschachs, bei dem ein Spieler gegen mehrere Gegner antritt, ohne die Bretter zu sehen, ist inzwischen relativiert worden. In der Sowjetunion war diese Form des Schachwettkampfs 1930 verboten worden, als warnendes Beispiel für deren schädlichen Einfluss wurde auf Morphy verwiesen. Und in der Tat stellte es eine kolossale geistige und körperliche Höchstleistung dar, als 2011 der deutsche FIDE-Meister Marc Lang gleichzeitig gegen 46 Gegner blind antrat (25 Siege, 19 Remis, 2 Niederlagen). Doch bei medizinisch fundierter Vorbereitung und Nachbetreuung sind keine Folgeschäden zu erwarten.

Was allerdings zutrifft, ist das Klischee, dass Schachspieler nie ganz von den 64 Feldern loslassen können. Für die nichtschachspielende Umwelt ist es gewöhnungsbedürftig, wenn einem Schachspieler mitten im Gespräch über ein anderes Thema plötzlich ein Turmzug einfällt, mit dem er das tags zuvor verlorene Endspiel vielleicht doch noch hätte remis halten können, oder ein mögliches Springeropfer in dem Abspiel der Sizilianischen Verteidigung, das er am nächsten Tag auf dem Brett haben könnte. Es sind Erfahrungen wie diese, die Albert Einstein, ein Freund des Weltmeisters Emanuel Lasker, zu der Aussage führten, Schachspieler seien zu großen Leistungen abseits des Schachs nicht in der Lage, denn jederzeit sei ein Teil ihres Gehirns mit dem Spiel beschäftigt. Auf der anderen Seite steht die Vorstellung, dass die geistige Leistungsfähigkeit, die Schachspieler am Brett an den Tag legen, auch auf anderen Feldern wirksam sein müsse. Lange Zeit war eine geläufige Vorstellung, Schachspieler verfügten über ein außergewöhnliches räumliches Vorstellungsvermögen, doch dieser Zusammenhang konnte durch Untersuchungen nicht belegt werden. Denn ein Schachspieler nimmt Brett und Figuren als abstrakte, nicht als konkrete Größen wahr. Stellt man Schachfiguren ganz zufällig auf den 64 Feldern auf, benötigen auch starke Schachspieler fast ebenso viel Zeit wie Laien, um sich ihre Position zu merken. Stellungen aus Partien dagegen können sie sich in wenigen Sekunden einprägen, weil sie Figuren- und Felderkomplexe wahrnehmen, die sie mit den ihnen bekannten Mustern verknüpfen können. Auch wird ein starker Schachspieler nach einer Partie problemlos die genaue Zugfolge nachspielen können, aber in den Stunden am Brett nicht unbedingt bemerkt haben, dass bei einer weißen Springerfigur ein Ohr beschädigt war. Für ihn sind die Schachfiguren nur Symbole, sein Denken findet im abstrakten Raum statt.

Es gibt durchaus Beispiele für Schachspieler, die auch auf anderen Feldern brillierten. Weltmeister Emanuel Lasker war ein wissenschaftlich anerkannter Mathematiker und Philosoph, der Engländer John Nunn wurde 1970 im Alter von 15 Jahren, so jung wie kein anderer Student seit 1520, an der Universität Oxford zugelassen und dort acht Jahre später zum Doktor der Mathematik promoviert, während er in diesen Jahren auch seine Normen für den Titel des Großmeisters erworben hatte. Der deutsche Großmeister Robert Hübner (* 1948) besitzt ein kolossales Sprachtalent und konnte auch schwierige Fremdsprachen wie Finnisch in kurzer Zeit erlernen; in den 1970er und 1980er Jahren war er einer der besten Spieler der Welt, obwohl er in dieser Zeit als Papyrologe arbeitete. Weltmeister Wassili Smyslow trat als Baritonsänger auf, der starke sowjetische Großmeister Mark Taimanow (1926–2016) war ein weltberühmter Pianist. Die häufige Verbindung von Schach und Musik mag manche verwundern, doch haben beide Tätigkeiten ein wesentliches Merkmal gemeinsam: das Gespür für Harmonie. Die meisten erfolgreichen Schachspieler freilich haben Höchstleistungen ausschließlich auf den 64 Feldern vollbracht, was in Anbetracht des hohen, in den letzten Jahrzehnten ständig gestiegenen Zeitaufwands, der für das Training benötigt wird, auch nicht weiter verwundert.

4. Das Schachspiel in der Gesellschaft

Schach im Alltag und in der Wissenschaft

Aufgrund seiner historischen Rolle als Spiel mit der größten Bedeutung und der größten Bekanntheit ist Schach im heutigen Sprachgebrauch omnipräsent: Bei personellen Wechseln in Politik oder Wirtschaft spricht man von «Rochaden», bei einer festgefahrenen oder vertagten Verhandlung von «Patt» und «Hängepartie», Minister geraten infolge von Affären unter «Zugzwang» und bieten ein «Bauernopfer» an, indem sie Mitarbeiter entlassen oder «wie Schachfiguren» verschieben. In Konflikten macht eine Seite «einen cleveren Schachzug», wonach die Gegenseite «am Zug» ist. Präzise sind diese Analogien keineswegs, denn bei einem «Patt» ist die Partie nicht im Gleichgewicht, sondern vorbei, und beim Schach bedeutet «Zugzwang», dass die Situation gerettet werden könnte, falls Nichtstun erlaubt wäre. Doch auch wenn die Sprachformeln nicht präzise zum Geschehen auf den 64 Feldern passen, ihre Herkunft aus dem Schachspiel ist unstrittig. Darüber hinaus wird dessen Symbolkraft auch aus zahlreichen Bonmots berühmter Personen ersichtlich, von denen einige in der Einleitung zitiert wurden. Menschen müssen nicht tief in die Geheimnisse der Schachstrategie eingedrungen sein, ja nicht einmal die Regeln kennen, um zu wissen, wofür Schach steht. Unternehmen der Finanzbranche zielen nicht nur auf Schachspieler, sondern auf eine breite Öffentlichkeit ab, wenn sie in ihrer Werbung Schachfiguren platzieren, um die Botschaft von ihrem strategischen, planerischen Weitblick auszusenden. Dieselbe Aussage vermittelt das Umschlagbild des Buches «Zug um Zug» (2011), das die beiden Verfasser, Helmut Schmidt und Peer Steinbrück, bei einer Schachpartie zeigt. Die Figuren sind allerdings falsch aufgebaut, was auf Werbeplakaten und in Filmszenen nicht unüblich ist, im konkreten Fall aber verwundert, denn bei Schmidt und Steinbrück handelt es sich nachweislich um gute Schachspieler. Die emblematische Funktion von Schach zeigt sich ferner an dem Umstand, dass Magnus Carlsen 2013 von der amerikanischen Zeitschrift «Time» in die Liste der 100 einflussreichsten Männer der Welt aufgenommen wurde. Vor dem Hintergrund, dass Carlsen weder ein gesellschaftspolitisches Programm noch einen bestimmten Lebensstil propagiert, ist das zunächst überraschend, erklärt sich aber aus dem Umstand, dass dem besten Schachspieler der Welt eine Rolle als strategischer Vordenker zugewiesen wird.

Jenseits dieser symbolischen Aufladung liegt die Frage, wie man aus dem Schachspiel tiefere Einsichten über die Welt außerhalb der 64 Felder gewinnen kann. Der amerikanische Wissenschaftler und Politiker Benjamin Franklin (1706–1790), einer der Gründerväter der USA, legte in seinem Essay «The morals of chess» (1786) dar, dass man beim Schach Weitsicht, Umsicht und Vorsicht erlerne, wichtige Eigenschaften, die im Leben allgemein von größtem Nutzen seien. Nebenbei entwickelte er in dieser Schrift einen auch heute noch lesenswerten Katalog von wünschenswerten Verhaltensweisen am Schachbrett. Napoleon und viele andere Männer betrachteten Schach als eine Übung für den Krieg, sie sahen große Ähnlichkeiten zwischen den Fähigkeiten guter Schachspieler und guter Generäle. Dies ist allerdings nicht der Fall, denn im Krieg sind die Regeln nicht klar definiert und die Akteure verfügen nur über unvollständige Informationen über die «Stellung». Außerdem führen Soldaten nicht alle Befehle so willig und exakt aus wie Schachfiguren; dass sie überhaupt gehorchen, ist eines der wichtigsten Ziele der Truppenführung. Napoleon selbst ist der beste Beweis dafür, dass Schach und Krieg zwei ganz unterschiedliche Phänomene sind, denn einige von ihm gespielte Partien sind überliefert: Wäre er als General so lausig gewesen wie als Schachspieler, wäre er nicht erst in den Weiten Russlands gescheitert!

In vielen Wissenschaften hingegen werden grundlegende Probleme unter Bezugnahme auf das Schachspiel formuliert. Für die Mathematik ist der «Rösselsprung» zu nennen, die Aufgabe, mit einem Springer in 64 Zügen jedes Feld auf einem Schachbrett zu erreichen, ohne ein Feld zweimal zu betreten.

Schon Leonhard Euler (1707–1783) befasste sich mit diesem Problem, und viele berühmte Mathematiker taten es ihm nach. Es ging dabei weniger um die Lösung an sich, sondern um die Wege, zur Lösung zu gelangen, auch bei größeren Brettern mit entsprechend mehr Feldern. Um Algorithmen geht es auch beim «Damenproblem»: Hier müssen acht Damen so auf den 64 Feldern aufgestellt werden, dass keine eine andere schlagen könnte. Mit dem Partieschach haben solche Probleme wenig zu tun, doch können auch manche Stellungen der Turnierpraxis mit konkreten mathematischen Lösungsstrategien untersucht werden, insbesondere solche Bauernendspiele, in denen man seinen König auf die der gegnerischen Königsstellung «korrespondierenden Felder» stellen muss, um den Gewinn beziehungsweise das Remis zu erzielen.

Von den Wirtschaftswissenschaften inspiriert ist der «Königsplan», den der Großmeister Stefan Kindermann gemeinsam mit dem Ökonomieprofessor und starken Fernschachspieler Robert K. von Weizsäcker entwickelt hat. Es handelt sich um den Versuch, die am Schachbrett angewandten Methoden von Schachgroßmeistern auf das praktische Leben zu übertragen, dabei steht die Verknüpfung von Logik und Intuition bei der Lösung konkreter Probleme im Vordergrund. Geht es hierbei um die Maximierung von Erfolg, haben andere Betrachtungen des Schachspiels eine weitere ethische Perspektive. Vom Dominikanermönch Jacobus de Cessolis, der die Schachfiguren als Allegorien für die Sitten seiner Zeit heranzog, war schon die Rede. In deutlich positiverem Licht erscheint das Spiel bei der spanischen Heiligen Theresia von Ávila (1515–1582), die eine Schachpartie nicht als einen Kampf betrachtete, der Sieger und Verlierer produziert, sondern als partnerschaftliche Kommunikation. Die abwechselnden Züge, das gegenseitige Schachbieten vergleicht sie mit der wechselseitigen Liebe zwischen Mensch und Gott. Noch bemerkenswerter ist diese Ansicht, da in ihrem Orden zu jener Zeit das Schachspiel verboten war! Mögliche Kritik nimmt Theresia vorweg: «Ihr werdet mich vielleicht tadeln, dass ich von einem Spiele rede, das man in diesem Kloster nicht hat und auch nicht haben soll. Daraus seht ihr aber, was für eine

Mutter euch Gott gegeben hat, da sie sogar mit einer solchen Eitelkeit vertraut ist. Man sagt zwar, dieses Spiel sei zuweilen erlaubt; aber wie weit mehr wird uns jene andere Art des Spieles erlaubt sein, und wie bald würden wir, wenn wir uns darin eifrig übten, dem Göttlichen König Schach bieten, so dass er uns nicht mehr entkommen kann noch auch entkommen will.» Schach als Übung für die demütige Hingabe an Gott! 1944 wurde die heilige Theresia von Ávila von der katholischen Kirche offiziell zur Schutzpatronin der Schachspieler erklärt.

Eine große wissenschaftliche Herausforderung ist eine Kulturgeschichte des Schachs, die Entwicklungen des Spiels im historischen Kontext verortet und damit auch Einsichten in die betreffende Zeit liefert. Es mangelt in der Literatur nicht an Vergleichen zwischen schachspezifischen Phänomenen und allgemeinen Epochenmerkmalen: Die Dynamisierung des Schachs in der Renaissance, als der Aktionsradius von Dame und Läufer erhöht und damit brettumfassende Aktionen möglich wurden, stehe im Zusammenhang mit der Entdeckung Amerikas und des Seewegs nach Indien und zeige die «Langschrittigkeit» des neuen Zeitalters. Die rationale Spielweise Philidors sei von der Aufklärung inspiriert, sein Satz «Die Bauern sind die Seele des Schachspiels» weise auf die Französische Revolution und den Bedeutungsgewinn des einfachen Volkes voraus. Die «romantische» Spielweise des 19. Jahrhunderts verlaufe parallel zu den Entwicklungen in Literatur und Bildender Kunst, der Rigorismus Tarraschs sei ein Produkt des deutschen Wilhelminismus. Die «Hypermodernen» nach dem Ersten Weltkrieg mit ihren neuen Lehren seien ein Reflex auf die Erschütterung der Denkgrundlagen durch Einstein und andere Physiker, die mit konventionellen Vorstellungen von Zeit und Raum brachen. Und schließlich sei die unter sowjetischen Schachspielern hochgeschätzte Planfindung beeinflusst von der sozialistischen Planwirtschaft. Befriedigend sind solche Analogien nicht, sie beruhen bislang mehr auf Assoziationen als auf systematischer Analyse; und beim letzten Beispiel wäre auf den wichtigen Unterschied hinzuweisen, dass sowjetische Schachspieler höchst erfolgreich waren, die sowjetische Wirtschaft hingegen nicht.

Andererseits kann gerade an Willy Hendriks, der in seinem Buch «Erst Ziehen, dann Denken» diesen Zusammenhang zwischen Schach und Wirtschaftssystem behauptet, veranschaulicht werden, wie das Nachdenken über Schach von allgemeinen intellektuellen Strömungen beeinflusst ist. Seine Doktrin, dass sich Schach der sprachlichen Vermittlung entziehe, kann in die Entwicklung der modernen Sozialwissenschaften eingeordnet werden, in denen zuletzt quantitative Vorgehensweisen unter bewusster Vernachlässigung «erklärender», sprachlich vermittelter Methoden an Raum gewonnen haben.

In der Psychologie ist das Schachspiel ein wichtiger Untersuchungsgegenstand, wobei nicht nur der innere Zustand des Spielers während der Partie erforscht wird, sondern auch die Bedeutung des Schachs an sich. Reuben Fine (1914–1993), in den 1930er und 1940er Jahren ein Spieler der Weltklasse und später Professor der Psychologie, entwickelte in seinem Werk «Die Psychologie des Schachspielers» (1956) eine psychoanalytische Interpretation aus der Sicht eines das Spiel erlernenden Knaben: Dieser erblicke im langsamen und verletzlichen König seinen eigenen Penis, den es vor dem Matt – dem Männlichkeitsverlust – zu schützen gelte; der gegnerische König hingegen sei der eigene Vater, den der Sohn im ödipalen Konflikt zu vernichten strebe. Fine stand mit dieser Theorie nicht allein, in der zweiten Hälfte des 20. Jahrhunderts war sie weit verbreitet und fand auch Nahrung in dem Umstand, dass zahlreiche Weltmeister dieser Phase – Petrosjan, Spasski, Fischer, Kasparow – ohne Vater aufgewachsen waren. Inzwischen aber ist sie aus der Mode gekommen, da Freuds Lehren in der heutigen Psychologie eine geringere Rolle spielen und die Weltmeister der jüngeren Zeit in Anwesenheit ihres Vaters aufwuchsen. Die These, eine vaterlose Kindheit würde die Begeisterung für das Schachspiel fördern, hat damit an Plausibilität verloren.

Eine hohe Relevanz besitzt Schach für die Debatten über Talent und Lernen. Als Untersuchungsgegenstand ist es besonders geeignet, da mit den Elo-Zahlen ein Messinstrument für die Spielstärke bereitsteht. Ein sehr wichtiges Ergebnis von Untersuchungen mit größeren Gruppen von Schachspielern besteht darin, dass keine Korrelation zwischen Intelligenzquotienten und Elo-Zahl gefunden wurde. Spielstärke kann also nicht einfach aus der allgemeinen Intelligenz abgeleitet werden, doch welche gemeinsamen Eigenschaften die Gehirne der Großmeister aufweisen, ist nach wie vor unklar. In der anhaltenden Debatte darüber, ob geistige Leistungsfähigkeit mehr auf angeborenen, genetisch festgelegten Eigenschaften oder auf Erziehung beruht, wird immer wieder auf das Schachspiel verwiesen, auf den radikalen Ansatz von László Polgár wird im Abschnitt über Frauenschach näher eingegangen werden. In neueren Diskussionen gilt Schach als Musterbeispiel für das «fokussierte Üben», die Leistungssteigerung durch häufige Simulation des Ernstfalls in Verbindung mit der Analyse der Entscheidungen, die starke Spieler in der betreffenden Situation getroffen haben.

Um den Nutzen des Schachspiels für die Entwicklung von Kindern geht es in den Initiativen, Schach in Schulen zu unterrichten. Schach fördert das Konzentrationsvermögen und analytische Fähigkeiten, es fördert planendes Denken und das spielerische Miteinander; und da Schach erstens billig und zweitens sehr abstrakt ist, hängt seine Beherrschung weniger vom sozialen Status und dem Bildungsgrad der Eltern ab als andere Aktivitäten. In jüngerer Zeit treiben internationale Bewegungen die Einführung von Schach als Schulfach voran, am bedeutendsten eine von der FIDE ins Leben gerufene Initiative und eine Organisation des Exweltmeisters Garri Kasparow. In Armenien und in Teilen Russlands ist Schach bereits jetzt Pflichtfach für alle Schüler, in vielen anderen Ländern laufen Pilotprojekte, so auch in mehreren deutschen Bundesländern. Deutschland verfügt auch über den Ort mit der längsten Tradition im Schulschach: Im «Schachdorf» Ströbeck in Sachsen-Anhalt, dessen seit dem Mittelalter bezeugte Schachtradition von der Deutschen UNESCO-Kommission als immaterielles Kulturerbe anerkannt ist, ist Schachunterricht in der Grundschule für alle Kinder seit 1823 Pflicht.

Lebensunfähige Genies und zynische Meisterdenker: Schach in Literatur, Film und Kunst

Wie im historischen Abriss angedeutet wurde, tritt das Schachspiel schon in der mittelalterlichen Literatur häufig und in vielfältigen Funktionen auf. Und seit dem Aufkommen des modernen Wettkampfschachs hat sich die Faszination, die von den Meistern der 64 Felder ausgeht, auch in der fiktionalen Literatur niedergeschlagen. Die größte Bekanntheit besitzt die postum veröffentlichte «Schachnovelle» von Stefan Zweig (1881–1942), deren Handlung auf einem Passagierdampfer zwischen New York und Buenos Aires spielt. Zwei Schachspieler prallen hier aufeinander, ihre Psychogramme stehen im Zentrum des Textes. Auf der einen Seite steht der Weltmeister, Mirko Czentovic, als Sohn eines Donauschiffers in ärmlichen Verhältnissen aufgewachsen, der als Kind seinen Altersgenossen im Lesen und Rechnen unterlegen gewesen ist. Als er jedoch zufällig mit dem Schachspiel in Berührung kommt, verblüfft das «maulfaule, dumpfe, breitstirnige Kind» seine Umwelt und siegt zunächst gegen die Spieler der nächstgelegenen Stadt, anschließend gegen die Meister Ungarns und schließlich gegen die Weltelite, bereits mit 20 Jahren erringt er den Weltmeistertitel. Seine Erfolge am Brett beruhen auf Präzision und Zähigkeit, mit der er seine Gegner langsam zermalmt, schöpferische Kraft geht ihm völlig ab. Er ist nicht einmal in der Lage, eine Partie ohne Ansicht eines Brettes zu spielen oder zu betrachten, sondern muss immer zuerst die Position aufbauen. Auch übt das Schach auf ihn keine Faszination aus, es ist für ihn Mittel zum Zweck, sozial und ökonomisch in der Gesellschaft aufzusteigen.

Das Gegenbild zum bäurisch-arroganten, geldgierigen Czentovic bildet der Österreicher Dr. B., der eigentliche Held der Novelle. Nach dem Anschluss seines Heimatlandes an das Dritte Reich wird er, da er als Verwalter von Klostervermögen wichtige Informationen besitzt, von der Gestapo verhaftet und in strenger Isolation gehalten: Jeglicher Kontakt zu Menschen wird ihm entzogen, mit Ausnahme der Verhöre, ebenso jedwede geistige Nahrung. Und in der Tat stellen sich bald, wie von der

Gestapo beabsichtigt, erste Anzeichen geistiger Zerrüttung bei Dr. B. ein, doch dann gelingt es ihm, beim Warten auf ein Verhör ein Buch zu stehlen und in sein Zimmer zu schmuggeln. Zunächst enttäuscht, dass es sich «nur» um ein Schachbuch handelt, beginnt er sich mit den Partien des Buches zu beschäftigen, und da er damit endlich wieder seinen Geist in geordneten Bahnen anstrengen kann, stabilisiert sich sein Zustand. Doch bald tritt erneut eine Wende ein, diesmal zum Schlechteren, denn die Partien aus dem Buch kennt er auswendig, sie bieten ihm keine Nahrung mehr. Deshalb geht er jetzt dazu über, gegen sich selbst zu spielen, was zu einer Persönlichkeitsspaltung in ein «Ich Weiß» und ein «Ich Schwarz» führt: Wenn er über einen schwarzen Zug denkt, muss er vergessen, was er als Führer der weißen Steine gedacht hat, und umgekehrt. Nun beherrscht er nicht mehr das Schachspiel, das Spiel beherrscht ihn, sein Denken kreist nur noch um Schach, er verfällt zunehmend in Wahnvorstellungen – Zweig bezeichnet diesen Zustand als «Schachvergiftung». Nach einem Nervenzusammenbruch wird er entlassen und darf ausreisen, er findet wieder zu psychischer Stabilität, indem er den strengen Rat der Ärzte befolgt, sich vom Schach fernzuhalten. Doch auf dem Dampfer wird Dr. B. zufällig Zeuge einer Partie zwischen Czentovic und einer Gruppe von zahlungskräftigen Passagieren, und am nächsten Tag kommt es zum Duell zwischen dem ungebildeten Czentovic mit seiner kalten Logik und dem kultivierten, kreativen Dr. B. Letzterer zeigt sich überlegen und gewinnt die erste Partie, doch bei der zweiten bricht die «Schachvergiftung» wieder aus, und er beginnt zu phantasieren. Der Erzähler führt ihn schließlich vom Brett fort, um ihn vor Schlimmerem zu bewahren.

Von der schachlichen Wirklichkeit ist die Novelle weit entfernt: Ein Weltmeister, der keine Stellung ohne Ansicht eines Brettes analysieren kann, ist völlig unrealistisch, ebenso die Spielstärke von Dr. B., die allein auf der Lektüre eines Schachbuchs und auf gegen sich selbst gespielten Partien beruht. Doch Zweig brilliert durch seine fesselnde Erzählweise, insbesondere die Entwicklung von Dr. B., für den sich das Schachspiel von einem Freund zu einem Feind wandelt, ist ein literarisches Meisterstück. Die «Schachnovelle» ist nach wie vor das wichtigste Werk fiktionaler Schachliteratur, sie regte Kunstwerke, einen Kinofilm und sogar eine Oper an.

Schon vor Stefan Zweig hatte Vladimir Nabokov (1899–1977) die zersetzende Wirkung des Schachs literarisch verarbeitet. Sein Roman «Lushins Verteidigung» erschien 1929/30 in einer russischen Emigrantenzeitschrift in Paris, wurde jedoch erst in den 1960er Jahren, nach dem Welterfolg von «Lolita», in andere Sprachen übersetzt und breiter rezipiert. Die Hauptfigur, Lushin, ist wie Zweigs Czentovic ein ungepflegter, linkischer und einsilbiger, im Gegensatz zu diesem aber gutmütiger Mensch. Bereits als Junge in Turnieren erfolgreich, stößt Lushin mit zwanzig in die Weltspitze vor. Bei ihm stehen aber nicht finanzieller Gewinn und das mit schachlichen Erfolgen verbundene Sozialprestige im Vordergrund, vielmehr ist das Schach eine Zuflucht, ein abstrakter Schutzraum vor dem wahren Leben, dem er sich angesichts seiner Unzulänglichkeiten im Sozialverhalten nicht gewachsen fühlt. Doch das Schachspiel nimmt ihn immer mehr gefangen, es gewinnt Macht über ihn, er beginnt sein Leben als eine Schachpartie wahrzunehmen. Bei einem wichtigen Turnier, in dem der Herausforderer für das nächste Weltmeisterschaftsmatch ermittelt werden soll, erleidet er einen Zusammenbruch. Seine Frau, die ihn selbstlos liebt, gibt sich größte Mühe, ihn zu seinem Wohl vom Schach fernzuhalten, und eine Zeitlang stabilisiert sich sein Zustand. Doch nach und nach dringt das Spiel wieder in sein Leben und sein Denken ein, auch bedingt durch einen mit mephistophelischen Zügen ausgestatteten Impresario. Letztlich erkennt Lushin, dass er dem Schach nicht entrinnen kann, er wird gleichsam vom Schach mattgesetzt.

Nabokov verarbeitet in diesem Werk schachliche Motive auf verschiedenen Ebenen. Er beschreibt das Leben eines professionellen Schachspielers und den Ablauf der Turniere und zeigt dabei eine fundierte Sachkenntnis. Nicht nur finden sich Anspielungen auf real gespielte Partien, sondern auch auf unterschiedliche Auffassungen vom Spiel, so erscheint Lushins Gegner Turati als Anhänger der «Hypermodernen Schule». Auch das Innenleben Lushins wird durchaus schlüssig gezeichnet, etwa wenn er einen quadratisch gefliesten Boden in seiner Phantasie plötzlich mit Schachfiguren bevölkert – von solchen Erlebnissen können viele Turnierspieler berichten. Für die Struktur des Romans bedeutsam sind vor allem die Parallelen zwischen dem Schach und dem Leben: Lushin erscheinen die Wendungen in seinem Leben wie Züge in einer Partie, dadurch verliert er die Freiheit über seine Entscheidungen und schätzt die Lage schlimmer ein, als sie in Wahrheit ist. Schach ist hier eine hochintellektuelle, aber in seiner Abstraktion völlig lebensfeindliche Kunst.

Die Titelfigur in «Carl Haffners Liebe zum Unentschieden» (1998), dem Erstlingswerk des österreichischen Schriftstellers Thomas Glavinic, ist unschwer als Carl Schlechter (1874–1918) zu erkennen. In Rückblenden werden dessen Familiengeschichte und Kindheit erzählt, im Zentrum steht der berühmte Weltmeisterschaftskampf von 1910, von dem schon eingangs dieses Bandes die Rede war. Glavinic zeichnet ihn als Menschen von geradezu obsessiver Bescheidenheit, der in bitterer Armut lebt und mit seinem wenigen Geld die Halbschwester unterstützt. Wegen moralischer Skrupel scheut er sich, in Cafés Schach um Geld zu spielen, das Honorar für eine Simultanvorstellung weist er zurück, und gegen die Wohltaten reicher Wiener Schachenthusiasten, die sich um sein leibliches Wohl kümmern möchten, leistet er Widerstand. Den Wettkampf um die Weltmeisterschaft bestreitet er hungernd, frierend und, da er die Nächte zur Analyse von Schachpartien verwendet, übermüdet, die Euphorie der Wiener Schachgemeinde über ihren Vorkämpfer, der nach der Krone greift, steckt ihn selbst nicht an. Vielmehr ist er von Zweifeln geplagt, ob er für Lasker, seit 16 Jahren Weltmeister und unumstritten der stärkste Spieler seiner Zeit, überhaupt ein würdiger Gegner sei. Einzig am Brett selbst streift er seine Unsicherheit ab und spielt sicher und präzise. In der entscheidenden zehnten Partie aber, als er mit 5:4 Punkten führt und nur noch ein Remis zum Titelgewinn benötigt, wirken sich die Selbstzweifel auch am Brett aus. Denn Haffner erachtet sich noch nicht für würdig, den Weltmeistertitel zu tragen, weil er die fünfte Partie nur durch einen groben Fehler Laskers habe gewinnen können.

Um die Schachkrone wirklich zu verdienen, müsse er die letzte Partie in großem Stil gewinnen, und aus diesem Grund spielt er, der sich vor Niederlagen fürchtet und sonst so solide agiert, riskant und unter Opfern auf Gewinn.

Glavinic liefert mit diesem Porträt einen literarischen Beitrag zu der Diskussion, warum Schlechter in dieser zehnten Partie so scharf spielte und in der entscheidenden Phase einen simplen Weg zum Remis ausließ. Den Widerpart zu dem selbstlosen, von Zweifeln geplagten Haffner bildet der selbstbewusste, kühl berechnende Lasker mit seinen «Habichtaugen», der sein Spiel gezielt nach den Stärken und Schwächen der Gegner ausrichtet. Neben den Protagonisten selbst beleuchtet Glavinic auch die Atmosphäre des Wettkampfes, das Gedränge in und vor den Spielsälen, die Faszination dieses geistigen Duells auch auf Menschen, die ohne die Kommentare der Meister das Geschehen auf dem Brett gar nicht beurteilen können. Unter ihnen befindet sich auch eine lebensfrohe Frau namens Anna Feiertanz, die sich von der Schachwelt und insbesondere von Carl Haffner angezogen fühlt, sich aber gleichzeitig über die Weltfremdheit der Meister amüsiert, von denen keiner ihre Frage nach dem Milchpreis beantworten kann.

Es ist also die Lebensuntüchtigkeit der großen Meister, die üblicherweise in belletristischen Verarbeitungen des Schachspiels im Zentrum steht. Doch es gibt auch Ausnahmen, wie das 2017 erschienene Werk «Die Schachspieler von Buenos Aires» des Argentiniers Ariel Magnus (* 1975) zeigt. Den Rahmen der Handlung bildet die Schacholympiade von Buenos Aires 1939, die Berühmtheit erlangte, weil während des Turniers der Zweite Weltkrieg in Europa ausbrach. Manche Mannschaften reisten ab, einzelne Kämpfe wurden nicht am Brett ausgetragen, sondern mit 2:2 gewertet, wie das Match zwischen dem späteren Turniersieger Deutschland und dem Zweiten, Polen. Für die Schachwelt bedeutete diese Olympiade eine Zäsur, da Argentinien den Teilnehmern erlaubte, im Land zu bleiben. Viele Spieler, darunter die komplette deutsche Mannschaft, nahmen das Angebot an, was zu einem Schachboom in Südamerika führte. In diesen Rahmen stellt Magnus die Handlung seines Romans, vermischt dabei kunstvoll geschichtliche Fakten, Fiktionales und Kontrafaktisches. Reale Teilnehmer der Olympiade treten ebenso auf wie Mirko Czentovic aus der «Schachnovelle», der sich seiner Fiktionalität bewusst ist, und auch der Erzähler selbst setzt sich mit seinen Figuren an den Tisch. Die Hauptperson aber ist sein Großvater, aus dessen Tagebuch reichlich zitiert wird. Dieser macht im Roman der Schachspielerin Sonja Graf, Teilnehmerin an der zeitgleich stattfindenden Weltmeisterschaft der Frauen, den Hof, und er entwickelt einen Plan, den Wettkampf so zu manipulieren, dass am Ende Polen und nicht das Deutsche Reich die Goldmedaille davontrage. Durchbrochen wird die Handlung von zahlreichen Ausflügen in die Schachgeschichte, von Vergleichen zwischen Schach und Boxen und zwischen Schach und Krieg, und immer wieder auch von Reflexionen des Erzählers über den Bruch von literarischen Konventionen. Dies alles führt zu einem sehr unterhaltsamen Durcheinander, aus dem die Faszination des Schachspiels umso deutlicher hervortritt.

Wie in der Literatur treffen wir auch im Film lebensuntüchtige Schachspieler an. Hauptperson des sowjetischen Stummfilms «Schachfieber» (1925), am Rande eines Moskauer Schachturniers gedreht und mit echten Meistern in den Nebenrollen besetzt, ist ein Schachfanatiker, dessen Gedanken völlig vom Schach absorbiert sind, so dass er sogar seine eigene Hochzeit vergisst. Im Thriller «Knight Moves – Ein mörderisches Spiel» (1992) wird eine Mordserie von einem besessenen Spieler verübt, der eine verlorene Schachpartie in seiner Kindheit als nicht verarbeitetes Trauma mit sich trägt. Den Weltmeisterschaftskampf 1972 in Reykjavik bearbeitet der amerikanisch-kanadische Spielfilm «Bauernopfer – Spiel der Könige» (2014), indem er ein Porträt Bobby Fischers zwischen brillantem Spiel am Brett und psychischer Zerrüttung zeichnet. Doch viele Filme präsentieren Schachspieler, die ihr auf den 64 Feldern erworbenes Können auch im praktischen Leben anwenden, zynische Meisterdenker, die ihre Mitmenschen wie Schachfiguren behandeln. Er habe jede mögliche Handlung und die daraus folgenden Konsequenzen vorausberechnet, rühmt sich der

Schachmeister Kronsteen im James-Bond-Film «Liebesgrüße aus Moskau» (1963), als er den anderen Bösewichtern seinen perfiden Plan vorträgt. Er ist nicht zufällig, sondern wegen seines schachlichen Könnens, das er gerade bei einem Turnier unter Beweis gestellt hat, ein kreativer Vordenker in der Verbrecherorganisation. Es ist dieser Typ von Schachspieler, der in vielen Krimis als Täter auftritt, so befindet sich unter den arroganten und berechnenden Mördern, die Inspektor Columbo überführt, natürlich auch ein Großmeister («Schach dem Mörder», 1973).

Jenseits solcher Standardtypen wird das Spiel selbst in vielfältigen Funktionen verarbeitet. Berühmt ist die düstere Partie, die in Ingmar Bergmans «Das siebente Siegel» (1957) zwischen einem Ritter und dem Tod ausgetragen wird. Das Spiel ist hier eine Allegorie für den Kampf von Gut gegen Böse und für die Ausgesetztheit des Menschen als einer Figur in einem größeren Spiel. Als Vehikel für die Emanzipation dient Schach in der französischen Produktion «Die Schachspielerin» (2009) mit Sandrine Bonnaire in der Titelrolle. Eine Frau aus einfachen Verhältnissen in einer korsischen Kleinstadt beobachtet bei ihrer Arbeit als Zimmermädchen zufällig ein amerikanisches Paar beim Schachspiel und ist sogleich fasziniert von dem Spiel, dem sie nun jede freie Minute und auch viele nächtliche Stunden widmet. Unbeirrt von den Vorbehalten ihrer Umwelt studiert sie die Feinheiten des Spiels, wird stärker und stärker und findet schließlich über das Schachspiel ein Stück Selbstständigkeit, Selbstvertrauen und Anerkennung. Damit gelingt es ihr, die Monotonie ihres Alltags zu überwinden.

Solche Filme, in denen Schach die gesamte Handlung strukturiert, sind selten, doch sehr häufig kommt dem Spiel eine Schlüsselrolle in Filmen zu ganz anderen Themen zu. Berühmt ist eine Szene aus «Thomas Crown ist nicht zu fassen» (1968), in der Steve McQueen einen Gentleman-Ganoven und Faye Dunaway eine auf ihn angesetzte Versicherungsagentin spielt. Obwohl auf verschiedenen Seiten stehend, fühlen sich beide zueinander hingezogen. Die knisternde Spannung des wechselseitigen Belauerns kulminiert in einer über fünfminütigen Schachpartie, in der sich zuerst ihre Blicke, dann ihre Finger berühren, bis sie schließlich, nachdem sie ihn mattgesetzt hat, in Umarmungen und Küssen versinken. In dieser erotischen Aufladung des Schachspiels findet sich eine motivische Kontinuität zur mittelalterlichen Lyrik, die Produzenten und Protagonisten kaum bekannt gewesen sein dürfte.

Anders als in Literatur und Film ist das Schachspiel in der Bildenden Kunst eher Beiwerk, da es sich durch seine Abstraktion einer rein visuellen Verarbeitung entzieht. Zwar gibt es zahlreiche Bilder schachspielender Menschen, doch geht es hier weniger um konkrete Partien oder das Spiel selbst, sondern vielmehr um die Darstellung des gesellschaftlichen Milieus. Die Malerei zeigt deutlich, wie sich Schach im Lauf der Jahrhunderte in allen sozialen Schichten verbreitete: Sind Schachspieler in den Malereien Indiens, Persiens und Europas bis in die frühe Neuzeit eindeutig in höfischen Kontexten angesiedelt, sieht man seit dem 18. Jahrhundert überwiegend schachspielende Bürger, im 19. Jahrhundert treten Darstellungen von Schachspielern in Arbeiterkneipen hinzu. Im 20. Jahrhundert gehen die Genredarstellungen zurück, dafür interessieren sich moderne Maler für die Form des Schachbretts, wie in Juan Gris' «Das Schachbrett» (1914) oder Paul Klees «Überschach» (1937).

Ein einzigartiges Schachkunstwerk schufen der französisch-amerikanische Künstler Marcel Duchamp (1887–1968), der selbst ein sehr starker Spieler war und als Mitglied der französischen Nationalmannschaft mehrfach an Schacholympiaden teilnahm, und der amerikanische Avantgardekomponist John Cage (1912–1992). Am 5. März 1968, beim letzten öffentlichen Auftritt Duchamps, spielten sie in Toronto eine Partie gegeneinander. Im Schachbrett waren Photoresistoren montiert, die registrierten, auf welchen Feldern Figuren standen und auf welchen nicht, und entsprechende Signale an die acht Lautsprecher sandten, zwischen denen die Zuschauer saßen. Die Spieler veränderten somit mit ihren Zügen den Klang und produzierten Tonfolgen, sie gaben der Partie einen eigenen Sound – eine radikale Annäherung an das Phänomen, dass seit Jahrhunderten Millionen von Schachpartien aus derselben Grundstellung nach denselben Regeln gespielt worden sind und doch jede Partie ihren eigenen unverwechselbaren Charakter hat.

Ein brisantes Thema: Schach und Geschlechterbeziehungen

Im Kapitel über Wettkampfschach war fast ausschließlich von Männern die Rede. Dies hat seinen Grund in der starken Asymmetrie zwischen den Geschlechtern, denn während Frauen beim höfischen Schachspiel im Mittelalter genauso präsent waren wie Männer, ist das moderne Wettkampfschach eine Männerdomäne. Ungeachtet dessen gab und gibt es natürlich sehr starke Schachspielerinnen, beginnend mit Vera Menchik, 1906 in Moskau als Tochter eines Tschechen und einer Engländerin geboren und ab 1921 in der englischen Schachmetropole Hastings wohnhaft. Nachdem sie 1927 bei der ersten offiziellen Schachweltmeisterschaft der Frauen den Sieg davongetragen hatte, wurde sie zu starken Männerturnieren eingeladen. Die Teilnahme einer Frau wurde von manchen mit spöttischen Bemerkungen bedacht, doch Menchik konnte sich behaupten: Ihr gelangen in einzelnen Partien Siege gegen starke Spieler, unter anderem zweimal gegen den späteren Weltmeister Max Euwe, und sie gehörte über Jahre hinweg zur erweiterten Weltspitze. Unter den Frauen war ihre Dominanz unumstritten, Menchik verteidigte mehrfach mühelos ihren Titel, den sie bis zu ihrem Tod trug; 1944 war sie unter den Opfern eines deutschen Raketenangriffs auf London.

Die bislang stärkste Schachspielerin der Geschichte ist die Ungarin Judit Polgár, geboren 1976 in Budapest. Gemeinsam mit ihren beiden älteren Schwestern war sie seit ihrer Geburt Objekt eines Forschungsprojekts: Ihr Vater László Polgár war ein Anhänger der pädagogischen Theorie, dass schon Kinder geistige und musische Höchstleistungen zu vollbringen imstande seien, sofern man sie nur richtig anleite. Als Beweis für die Richtigkeit seiner Theorie sollten die eigenen Kinder dienen, als Tätigkeitsfeld hatte er das Schachspiel ausgesucht, weil dieses in den Debatten um «Genie» einen prominenten Platz einnimmt und weil hier, anders als in der Musik, Leistung gut messbar ist. Alle Töchter wurden mit einer Ausnahmegenehmigung von der Schulpflicht befreit, denn László Polgár unterrichtete sie selbst, und er erzielte auch das gewünschte Ergebnis: Alle drei Schwestern wurden starke Schachspielerinnen, mit ihnen gewann Ungarn die Olympiade der Frauen in den Jahren 1988 und 1990. Judit war bei diesen Turnieren erst zwölf beziehungsweise 14 Jahre alt, danach spielte sie keine Frauenturniere mehr, da sich ein Talent – auch das ein Grundprinzip der väterlichen Lehre – nur dann voll entfalte, wenn eine ständige Auseinandersetzung mit den Besten stattfinde. Bereits mit 15 Jahren erlangte sie den Großmeistertitel der Männer und stieg später in die Weltspitze auf, 2005 erreichte sie mit dem achten Platz ihre beste Position in der Weltrangliste. Gefürchtet war vor allem ihr scharfes, vor keinen Opfern zurückschreckendes Angriffsspiel, in dem sie ihre hervorragenden taktischen Qualitäten zur Geltung bringen konnte, sie siegte in einzelnen Partien über jeden Spieler der Weltspitze, Karpow und Kasparow eingeschlossen. Über gesamte Turnierverläufe allerdings waren die besten Männer ihr stets ein gutes Stück voraus, in die Nähe eines Weltmeisterschaftskampfes kam Judit Polgár nie. 2014 verkündete sie ihren Abschied vom Turnierschach.

Die derzeit stärkste Spielerin ist die Chinesin Hou Yifan (* 1994), die bereits mit 14 Jahren den männlichen Großmeistertitel erwarb und seit 2010 mehrfach Weltmeisterin der Frauen wurde. Doch wie Judit Polgár verabschiedete sie sich vom Frauenschach und bevorzugt die Auseinandersetzung mit der männlichen Weltspitze. Als sie 2017 beim Open von Gibraltar in den ersten zehn Runden siebenmal weibliche Gegnerinnen erhielt, verlor sie aus Protest ihre letzte Partie absichtlich in wenigen Zügen. Konkrete Belege für ihren Verdacht, die Organisatoren hätten in die computergenerierte Auslosung eingegriffen, gab es allerdings nicht. In starken Einladungsturnieren spielte Hou, wie zuvor auch Polgár, zumeist als einzige Frau in einer männlichen Konkurrenz und konnte sich gut behaupten, obwohl sie «nebenbei» studierte, zunächst in China, danach in Oxford. 2017 gelang ihr ein spektakulärer Erfolg, als sie das traditionsreiche Turnier im schweizerischen Biel gewann. Solche Erfolge ändern allerdings nichts an der Tatsache, dass Männer das Weltschach dominieren. Da es zwar Frauenturniere gibt, von denen Männer ausgeschlossen sind, aber umgekehrt Frauen an allen Turnieren und Ligen teilnehmen dürfen und die stärksten von ihnen diese Möglichkeit auch wahrnehmen, bieten die Elo-Zahlen ein zuverlässiges Instrument zum Geschlechtervergleich. Derzeit belegen die drei besten Frauen die Plätze 87, 317 und 385 der Weltrangliste (Stand: März 2019), und auf nationaler Ebene ist der Befund ganz ähnlich. In Deutschland stehen die besten Spielerinnen auf den Rängen 85, 254 und 274. Die Frage nach den Gründen besitzt politische Brisanz, und es verwundert nicht, dass Chauvinisten den Befund zu instrumentalisieren versuchen. Hohe Wellen schlug eine Debatte im Europaparlament im März 2017, als ein rechtspopulistischer Politiker seine Forderung, Frauen sollten weniger Geld verdienen als Männer, mit deren geringerer Intelligenz begründete und dabei auf die männliche Dominanz im Schach verwies. Die Schwächen einer solchen Argumentation liegen auf der Hand: Schach ist, wie gesehen, als Intelligenztest untauglich, und Judit Polgár ist das beste Beispiel dafür, dass es für Frauen keine genetisch determinierten Hindernisse gibt, in die Weltspitze vorzustoßen.

Seriöse Erklärungsversuche kommen aus verschiedenen Wissenschaften. Britische Statistiker erklären in einer Studie aus dem Jahr 2008, publiziert in den «Proceedings of the Royal Society», die geringe Präsenz von Frauen im Spitzenschach sei ein statistisch zu erklärendes Phänomen. Da viel weniger Frauen als Männer in Vereinen und auf Turnieren Schach spielen, steht in der Elo-Liste eine Frau jeweils 16 Männern gegenüber. Damit liege der Frauenanteil dort zwar deutlich höher als in der Weltspitze, aber in einer größeren Gruppe gebe es immer stärkere Ausschläge in die Extreme. Zu 96 Prozent, so die Autoren mit dem bei statistisch arbeitenden Wissenschaftlern üblichen Vertrauen in ihr Zahlenwerk, sei das Geschlechterverhältnis im Spitzenschach damit erklärt; biologisch oder kulturell bedingte Unterschiede zwischen Männern und Frauen spielten hingegen keine Rolle. Nach diesem Ansatz gebe es zahlreiche potenzielle

Spitzenspielerinnen, deren Talent unerkannt bleibe, eben weil sie überhaupt nicht Schach spielten.

Dem versuchen die FIDE und die nationalen Verbände durch eine gezielte Frauenförderung entgegenzusteuern. Die unterschiedliche Erziehung der Geschlechter – so die leitende Idee – führe dazu, dass sich Jungen stärker zum Schachspiel hingezogen fühlen als Mädchen. Um auch weiblichen Nachwuchs zu gewinnen und zu fördern, gibt es eigene Referate für Frauen- und Mädchenschach, die Trainingscamps für Mädchen organisieren und erfolgreiche Schachspielerinnen als Vorbilder mit dem Nachwuchs in Kontakt bringen. Auch gibt es ein Anreizsystem, das diejenigen Schachvereine materiell belohnt, die viele Mädchen und Frauen in ihren Reihen haben. Gebe es erst einmal mehr Spielerinnen in der Breite wie in der Spitze, so wird argumentiert, sinke auch die Hemmschwelle für weitere Mädchen und Frauen, am Turnierschach teilzunehmen, und das Geschlechterverhältnis gleiche sich in den Vereinen wie in den Spitzenturnieren nach und nach an. Allerdings konnten diese Programme, obgleich sie schon seit Jahrzehnten laufen, bislang keinen Durchbruch erzielen. Der Anteil von Spielerinnen hat sich nur geringfügig, der von Spitzenspielerinnen gar nicht erhöht. Klagen über Diskriminierung sind, wie häufig bei Diskussionen über die Geschlechter, schnell bei der Hand, und zwar in beide Richtungen: Manche Frauen sehen sich diskriminiert, weil sie eine geringere Förderung erhalten als ihre männlichen Kollegen, die in der Weltrangliste der Männer ähnlich platziert sind wie sie selbst bei den Frauen. Manche Männer wiederum verweisen darauf, dass sie trotz einer viel höheren Elo-Zahl weniger staatliche Unterstützung erhalten als die Spielerinnen ihres Landes.

Ins Polemische kippt die Debatte sehr leicht, wenn biologische Unterschiede zwischen den Geschlechtern ins Spiel gebracht werden. Als der britische Spitzenspieler Nigel Short äußerte, die Gehirne von Frauen seien für vieles geeignet, aber nicht für das Schachspiel, erntete er eine spitze Reaktion von Judit Polgár, die auf ihre gute Bilanz in den Partien zwischen beiden verwies. Wissenschaftliche Unterstützung erhielt die Position Shorts vom Nuklearmediziner Rolf Larisch (Zeitschrift «Schach» 5, 2017), der den Vergleich mit Bridge in die Debatte einführte. Bridge ist wie Schach ein komplexes Strategiespiel, das allerdings überwiegend von Frauen gespielt werde. Bei beiden Spielen geht es um das Vorausplanen von Spielzügen, doch während Schach ein offener Kampf in Reinform sei, komme es beim Bridge auf die komplexe Kommunikation mit dem Spielpartner an, dem im Rahmen der Regeln möglichst viele Informationen übermittelt werden müssten. Es sei, so Larisch, der höhere Testosteronspiegel der Männer, der sie das Schachspiel bevorzugen lasse, denn dieses Hormon reduziere Angst und fokussiere so die Gehirnleistung auf den Kampf. Die Ursache für die Unterschiede zwischen den Geschlechtern liege in der Struktur der prähistorischen Gesellschaften, in denen die Männer gejagt und die Frauen gesammelt hätten, die Männer also für den Kampf, die Frauen für gemeinschaftliche Handlungen optimiert worden seien. So populär diese Vorstellung von frühen menschlichen Gesellschaften in der Öffentlichkeit sein mag, in der Wissenschaft ist sie sehr umstritten, die evolutionsbiologische Determinierung von sozialen Geschlechterrollen ebenfalls. Großen Wert besitzt der Verweis auf Bridge aber in der Hinsicht, dass auch bei diesem Spiel Männer die Weltspitze dominieren, trotz der Überzahl von Frauen in den Vereinen. Dies relativiert den statistischen Ansatz zur Erklärung der Geschlechterasymmetrie im Spitzenschach.

Über all den politischen Verallgemeinerungen der Debatte geraten schachspezifische Aspekte in den Hintergrund. Dies betrifft auch die Kategorie «Frauenschach» an sich, das heißt die Existenz eigener Turniere, Titel und Ligen für Frauen. Für die einen handelt es sich dabei um eine Notwendigkeit, insbesondere um Mädchen für das Schachspiel zu gewinnen, die ansonsten durch die männliche Dominanz an den Rand gedrückt und die Lust am Spiel verlieren würden. Andere sehen die Existenz von «Frauenschach» kritisch und verweisen darauf, dass das Schachspiel ein rein geistiger Wettkampf sei, bei dem Körpergröße und Muskelkraft keine Rolle spielten. Ein «Schutzraum» für schachspielende Frauen sei das implizite Eingeständnis, dass sie Männern unterlegen seien. Mit Judit Polgár hat sich die stärkste Schachspielerin der Geschichte dafür ausgesprochen, das «Frauenschach» abzuschaffen und nur noch gemeinsame Turniere für beide Geschlechter zu veranstalten, so wie sie selbst schon früh auf die Teilnahme an Frauenturnieren verzichtete. Denn dann seien weibliche Talente gezwungen, sich mit den Besten zu messen, was zu einer härteren Arbeit an ihrem Schach führe. Denn derzeit, so Polgár, seien Mädchen und Frauen zu rasch mit ihren Erfolgen in rein weiblichen Konkurrenzen zufrieden, als dass sie durch intensives Training ihre Leistung steigern würden. Welche Auswirkungen die Abschaffung des Schutzraums «Frauenschach» haben könnte, bleibt hypothetisch, denn da bei einer solchen Maßnahme viele Spielerinnen und Funktionäre ihre Lebensgrundlage verlören, ist mit einer Realisierung nicht zu rechnen.

Die «Drosophila der Künstlichen Intelligenz»: Computerschach vom «Schachtürken» bis zu AlphaZero

Das Interesse der Menschen an schachspielenden Maschinen ist alt, es geht dem Computerzeitalter weit voraus. 1769 präsentierte Wolfgang von Kempelen (1734–1804) den von ihm konstruierten «Schachtürken», einen Kasten mit einer lebensgroßen Figur in osmanischer Tracht.

Diese bewegte mit ihrer linken Hand die Figuren auf einem Schachbrett, das auf der Oberseite des Kastens angebracht war, und nickte zusätzlich bei einem Schachgebot dreimal mit dem Kopf. Vor jeder Vorführung öffnete von Kempelen die Türen des Kastens und vermittelte dem Betrachter den Eindruck, das gesamte Innere zu überblicken, während in Wirklichkeit ein Teil verborgen blieb. In diesem fand ein kleiner Spieler Platz, der Züge auf einer Stecktafel ausführte und mit einer von Pantographen bekannten Konstruktion den linken Arm des «Türken» in Bewegung setzte. Die gegnerischen Züge wurden über Magneten in das Innere des Kastens übermittelt. In der Öffentlichkeit erregte der Automat gewaltiges Aufsehen, während von Kempelen selbst ihn als nebensächliche Spielerei betrachtete und an-

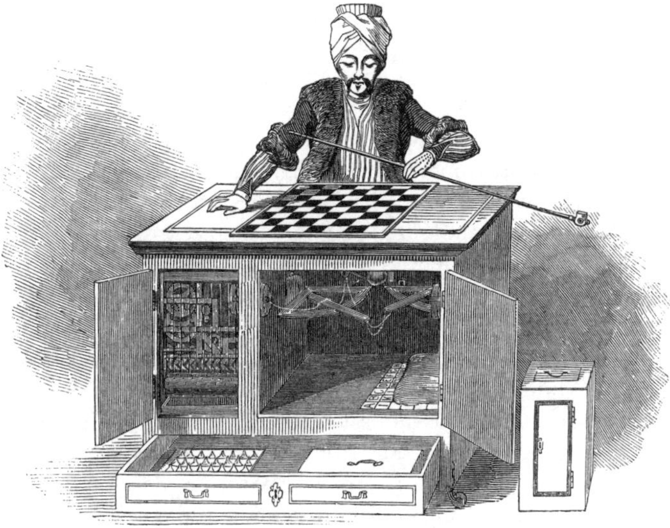

Abb. 10: Der «Schachtürke» des Wolfgang von Kempelen

dere seiner Konstruktionen, unter ihnen auch eine erste «Sprechmaschine», für weitaus bedeutender hielt. Zu Aufführungen in Wien und schließlich einer Europareise mit dem «Schachtürken» (1783–1785) musste er überredet werden. In Paris verlor der «Automat» zwar gegen Philidor, zumeist aber blieb er siegreich.

Nach von Kempelens Tod erwarb Johann Nepomuk Mälzel (1772–1838), der sich als Konstrukteur von Musikautomaten einen Namen gemacht hatte, den «Schachtürken» und fügte weitere Elemente hinzu – die Maschine konnte Schachgebote nun akustisch ansagen. Mälzel unternahm zahlreiche ausgedehnte Reisen durch Europa und die USA, in denen er seinen Automatenpark einem zahlenden Publikum präsentierte. Die größte Aufmerksamkeit genoss immer der Schachautomat, mehrere der von Mälzel eingesetzten Spieler sind namentlich bekannt. Über die Funktionsweise herrschte allerorten eine hitzige Debatte, an der sich auch Wissenschaftler der Académie française und der amerikanische Schriftsteller Edgar Allan Poe

(1809–1849) in einem Essay «Maelzel's Chess Player» (1836) beteiligten. Poe gehörte zu den Anhängern der These, dass sich in der Figur des «Türken» ein Mensch verberge, andere vermuteten eine magnetische Übertragung von einer Geheimstation hinter der Bühne. Auch der Verdacht, im Kasten halte sich ein Spieler versteckt, wurde von Anfang an geäußert, doch Gewissheit wurde dies erst nach dem Ende des «Schachtürken», der 1854 bei einem Brand in Philadelphia zerstört wurde: Der Sohn des letzten Besitzers enthüllte in einer Artikelserie die Funktionsweise, die er als das am besten gehütete Geheimnis der Geschichte bezeichnete.

Seit der Konstruktion der ersten Computer wurde die Vorstellung von einem wirklichen automatischen Schachspieler greifbar, Schach wurde nun auch zu einem Probierstein für die Leistungsfähigkeit der Computer. Chancen, Grenzen und Risiken von Entwicklungen in der Informatik wurden intensiv am Beispiel des Schachspiels diskutiert, das als «Drosophila der Künstlichen Intelligenz» bezeichnet wurde. Wie die Fruchtfliege für die Genetiker, so war das Schachspiel für die Informatiker das Untersuchungsobjekt, an dem Methoden und Theorien ausprobiert und diskutiert wurden. Schachcomputer waren regelmäßig in anspruchsvolleren Produkten der Science-Fiction anzutreffen, so im «Raumschiff Enterprise» und in Stanley Kubricks «2001 – Odyssee im Weltraum», wo der Supercomputer HAL 9000 gegen einen Astronauten eine Partie spielt. Exweltmeister Michail Botwinnik trieb nach seinem Ausscheiden aus dem Turnierschach die Entwicklung einer Maschine voran, die er als Nachahmung seiner selbst konzipierte: Sie sollte ihre Zugauswahl nach denselben Prinzipien treffen, die er selbst anwandte. Botwinnik sah in einer solchen Maschine einen großen Nutzen nicht allein für das Schach, sondern für die gesamte Menschheit, denn er war überzeugt davon, dass sich mit ihr allgemeine Erkenntnisse über menschliche Denkprozesse gewinnen ließen. Jedoch wurde sein Computer niemals fertig, da die Grundannahme, man könne dem Computer das Denken von menschlichen Schachspielern beibringen, fehlerhaft war; schließlich können Letztere überhaupt nicht mit Sicherheit sagen, warum ihnen bestimmte Zugoptionen ins Auge fallen und andere nicht.

Während die Hoffnung auf «menschlich» spielende Schachcomputer enttäuscht wurde, führte die Entwicklung der Hardware zu immer stärker werdenden Programmen. Bei der «Brute Force»-Methode lässt man die Rechner alle möglichen Züge und Gegenzüge bis zu einer definierten Suchtiefe durchrechnen, die resultierenden Stellungen werden mit programmierten Parametern eingeschätzt, zum Beispiel Materialvorteil, Bauernschwächen, Figurenaktivität, Zentrumskontrolle oder Königssicherheit. Am Ende wird jede Position mit Bauerneinheiten bewertet: «0,5» bedeutet, dass Weiß um eine halbe Bauerneinheit besser steht, also leichten Vorteil hat, bei «-2,1» liegt Schwarz deutlich vorn. Der Zug, der beim besten Spiel beider Seiten zur Stellung mit der für den Computer günstigsten Stellungseinschätzung führt, wird schließlich vom Programm gewählt. Je größer die Rechenleistung, desto tiefer können die Varianten berechnet werden, was die Nachteile des Computers, der zahlreiche völlig sinnlose Zugfolgen durchrechnet und von seinen Bewertungskriterien auch in die Irre geführt werden kann, in der Regel mehr als aufwiegt. Insbesondere in taktischen Stellungen, in denen es zahlreiche Schlag- und Angriffsmöglichkeiten gibt und deshalb viele Varianten berechnet werden wollen, entfalten Computer ihre Stärken, während sie in geschlossenen Stellungen mit langfristigen Manövern und noch weit entferntem «Nahkampf» ihre Probleme haben.

Seit 1974 messen sich die besten Schachprogramme in Computerweltmeisterschaften, die für Informatiker große Relevanz besitzen, da sich hier die Qualität von Software in direktem Wettkampf beweisen kann. Das Interesse der breiten Öffentlichkeit richtet sich hingegen auf die Duelle von Menschen gegen Computer. «Computer bald Weltmeister?» titelte das Nachrichtenmagazin «Der Spiegel» bereits 1979, doch zu dieser Zeit machten Wettkämpfe zwischen Profis und Programmen nur im Blitzschach Sinn. Bei verkürzter Bedenkzeit verschaffte die höhere menschliche Fehlerquote dem Computer Chancen, Partien zu gewinnen, in «normalen» Partien hingegen war die strategische Überlegenheit der Menschen entscheidend. Erst zehn Jahre später hatte sich die Rechnerleistung so weit erhöht, dass Wettkämpfe auch mit normaler Bedenkzeit ergebnisoffen geführt wurden. In Den Haag wurden seit 1986 Turniere zwischen starken Großmeistern und den besten Schachcomputern ausgerichtet, und 1993 gewannen Letztere erstmals die Gesamtwertung.

Den Höhepunkt der Schachwettkämpfe «Mensch gegen Computer» bildeten die Duelle des amtierenden Weltmeisters Garri Kasparow gegen «Deep Blue», ein von IBM entwickeltes Programm mit enormer Rechenleistung, die es aus Hunderten von vernetzten Prozessoren bezog. 1996 siegte Kasparow in einem Wettkampf über sechs Partien mit 4:2, ein Jahr später kam es zur Revanche mit einer weiter aufgerüsteten Maschine, die in der Lage war, 200 Millionen Stellungen pro Sekunde zu bewerten. Und nicht nur in die Hardware hatte IBM investiert, sondern auch starke Großmeister engagiert, die bei der Entwicklung geholfen und insbesondere ein Eröffnungsbuch speziell für diesen Wettkampf entworfen hatten. Kasparow gewann die erste Partie, doch in der zweiten schlug der Computer zurück und überspielte den Weltmeister. Nach drei Remispartien siegte «Deep Blue» in der sechsten und entscheidenden Partie, in der Kasparow in der Eröffnung ein starkes Figurenopfer zuließ, weil er der Annahme war, der Computer würde es aufgrund seiner Bewertungskriterien vermeiden. Die Resonanz der Medien auf den Wettkampf war gewaltig: Nun habe der Computer – so die Schlagzeilen – eine weitere Bastion einstiger menschlicher Überlegenheit erobert. Nach dem Wettkampf äußerte Kasparow die Vermutung, der Computer habe sein starkes strategisches Spiel in der zweiten Wettkampfpartie nicht nur Programm und Prozessoren, sondern menschlichen Eingriffen während der Partie zu verdanken, und verlangte die Ausdrucke der Rechenoperationen sowie eine Revanche. Konkrete Anhaltspunkte gab es allerdings nicht, und da IBM den Rechner nach dem Match demontieren ließ, konnten die Vorwürfe nicht überprüft werden.

2006 kam es erneut zu einem Duell zwischen dem amtierenden Weltmeister und einem Schachcomputer, diesmal saßen sich

Wladimir Kramnik und «Fritz» gegenüber. Im Vergleich zum Wettkampf von 1997 waren die Bedingungen für den Menschen günstiger, denn «Fritz» lief auf einem handelsüblichen Rechner, und Kramnik erhielt die Software und das Eröffnungsbuch vorab, konnte sich somit gezielt auf das Match vorbereiten. Doch inzwischen waren die Rechner so stark geworden, dass auch dies nichts mehr half, am Ende stand es 4:2 für «Fritz». Allerdings muss hinzugefügt werden, dass Kramnik in der zweiten Partie ein einzügiges Matt übersah, ein unfassbarer Fehler für einen Spieler seines Kalibers. Die Überlegenheit der Computer beruht nicht nur auf ihrer eigenen Stärke, sondern auch auf der psychologischen Schwierigkeit für Menschen, wenn sie nicht gegen ihresgleichen, sondern gegen eine Maschine spielen. Nach dem Match von 2006 ist das Interesse an Duellen zwischen Mensch und Computer abgeflaut; der Rechenhorizont der elektronischen Gegner hat sich durch die gestiegene Leistungsfähigkeit der Hardware so weit nach vorne geschoben, dass sie kleinste Fehler ihrer menschlichen Gegner unerbittlich ausnutzen. Das Interesse der Schachprofis an Computern geht nicht mehr dahin, diese zu schlagen, sondern sie möglichst gewinnbringend für die Partievorbereitung und die Analyse einzusetzen.

Ende 2017 folgte der nächste Paukenschlag im Computerschach: Mit AlphaZero, von einer Tochter des Google-Konzerns entwickelt, wurde ein selbstlernendes Programm vorgestellt, das nach Shōgi und Go auch im Schach eine bislang nicht gekannte Spielstärke entwickelt hatte: In einem Wettkampf über hundert Partien hatte es «Stockfish», eines der führenden Schachprogramme, mit 28 Siegen bei 72 Remispartien vernichtend geschlagen. Es war nicht nur das Ergebnis und die Qualität der Partien, die für Aufsehen sorgten, sondern der prinzipielle Ansatz. Denn AlphaZero verfügte weder über programmierte Parameter zur Stellungsbeurteilung noch über ein Eröffnungsbuch. Außer den Regeln selbst verfügte das Programm anfangs über keinerlei schachliches Wissen, es begann als völliger Anfänger und lernte aus den eigenen Partien. Seine famose Spielstärke erreichte es, nachdem es vier Stunden lang auf äußerst leistungsfähiger Hardware gegen sich selbst gespielt hatte. Im

Gegensatz zu herkömmlichen Programmen bewertet AlphaZero die Stellungen nicht nach Bauerneinheiten, sondern nach Gewinnwahrscheinlichkeit, und laut Angaben des Herstellers schätzt es pro Sekunde «nur» 80 000 Stellungen ein, im Vergleich zu anderen Computerprogrammen eine äußerst geringe Anzahl. Dies wird mehr als ausgeglichen durch ein neuronales Netzwerk, das aussichtsreiche Züge selektiert und das Durchrechnen sinnloser Varianten vermeidet, also «menschlicher» vorgeht als andere Programme.

2018 wurde der Öffentlichkeit die Open-Source-Variante «Leela» vorgestellt. Ebenfalls ein selbstlernendes Programm, wird hier der «Erfahrungsschatz» für das Programm nicht auf Superrechnern erstellt, sondern von der Schachgemeinde selbst. Jeder Benutzer von Leela hat die Möglichkeit, die gespielten Partien zu übermitteln. Auf diese Weise kommen pro Tag Millionen von Partien zusammen, die zu einem steilen Anstieg der Spielstärke führen. Und auch wenn Leela noch weit von der Spielstärke AlphaZeros entfernt ist, so zeigt es ebenfalls in bestimmten Stellungstypen gegenüber anderen Programmen überlegene Fähigkeiten. Der Mathematiker Johannes Zwanzger, selbst ein erfolgreicher Programmierer von Schachprogrammen und langjähriger Bundesligaspieler, hat verschiedene Stellungen mit diversen Programmen gründlich untersucht, um deren Stärken und Schwächen kennenzulernen. Hier ein Beispiel aus seinen Analysen (Abb. 11).

Weiß ist materiell deutlich im Vorteil, und herkömmliche Programme schätzen die Position deshalb als für Weiß gewonnen ein. Ein Mensch sieht jedoch rasch, dass Schwarz leicht remis halten kann, indem er mit dem König auf den Feldern g7 und g8 verbleibt und mit dem Turm verhindert, dass der weiße König ins schwarze Lager eindringt. Die weiße Dame allein ist nicht in der Lage, die schwarzen Bauern zu erobern. Leela schätzt die Lage als remis ein, weil das Programm «gelernt» hat, dass Weiß keine Fortschritte erzielen kann, und liegt damit viel näher beim Menschen als bei seinen elektronischen Kollegen.

Die Schachwelt und die breite Öffentlichkeit reagierten gleichermaßen schockiert wie fasziniert auf die selbstlernenden

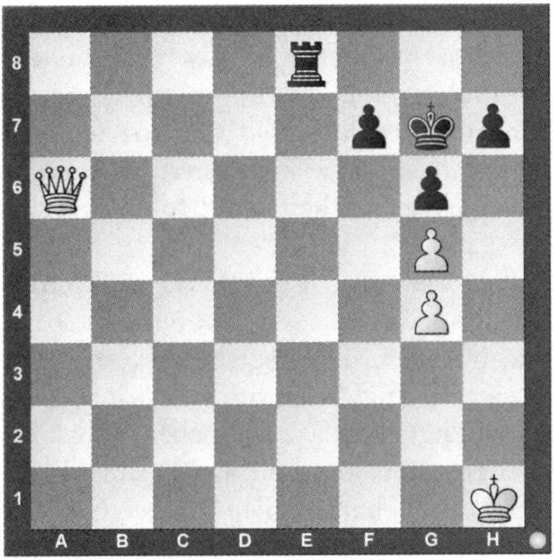

Abb. 11: Remisposition (nach «SCHACH» 2, 2019, S. 48)

Schachprogramme: Auf einem so komplizierten intellektuellen Gebiet wie dem Schachspiel hatte eine Maschine innerhalb eines Vormittags mehrere Jahrhunderte kultureller Evolution nachvollzogen, hatte die relativen Stärken und Schwächen von Läufer und Springer, die Bedeutung von Figurenaktivität und offenen Linien erkannt, war zu einem Abwägen von Faktoren wie Königssicherheit und Bauernschwächen in der Lage und auf Eröffnungszüge gekommen, die dem Repertoire heutiger Großmeister entsprechen. Es liegt auf der Hand, dass dies auf dem Feld der Künstlichen Intelligenz einen Durchbruch markiert, dessen Relevanz weit über das Schachspiel hinausreicht – im Dezember 2018 zierte AlphaZero die Titelseite der renommierten und publikumswirksamen Fachzeitschrift «Science». Während von mancher Seite die baldige Herrschaft der Computer über die Menschheit prognostiziert wurde, feierten sich die Hersteller mit der im Silicon Valley üblichen Rhetorik als Wohltäter der Menschheit, da ihr Produkt neue Möglichkeiten zur medizinischen Behandlung und andere zivilisatorische Fortschritte eröffne. Hier allerdings muss abgewartet werden, inwieweit eine Übertragung vom Spiel auf das wirkliche Leben realisierbar ist, denn bei aller Komplexität ist das Schachspiel in zweierlei Hinsicht sehr einfach: Es gibt wenige und klar formulierte Regeln, und es gibt nur drei mögliche Ergebnisse einer Partie. In keinem Handlungsfeld der sozialen menschlichen Welt sind die Parameter so klar definiert, was die Priorisierung von Zielen und die Messbarkeit von Erfolg ungleich schwieriger macht.

Manche haben die Ansicht geäußert, das Wettkampfschach sei gegenstandslos geworden, seit Computer die besten menschlichen Spieler besiegen. Eine solche Argumentation vermag nicht zu überzeugen, denn bekanntlich erzielen Maschinen auch höhere Geschwindigkeiten als Menschen und können Speere weiter schleudern, ohne dass die Leichtathletik dadurch ihre Berechtigung verloren hätte. Vielmehr zeigt die Entwicklung der Computer bis hin zu AlphaZero, dass Schach seine Funktion als «Probierstein des Gehirns» auch für künstliche «Gehirne» erfüllt, ganz unabhängig davon, welche Schlüsse man daraus für die Welt außerhalb der 64 Felder zieht. Für die breite Masse der Schachspieler ist die Entwicklung des Internets von weitaus größerer Bedeutung als die Entwicklung der Schachcomputer. Denn das Internet macht es möglich, die Partien von Schachweltmeisterschaften an jedem Ort live zu verfolgen, und darüber hinaus findet man, wenn man eine Partie Schach spielen möchte, auf Online-Plattformen jederzeit Gegner aller Spielstärken. Die technische Entwicklung hat neue Möglichkeiten geschaffen, aber das Spiel ist im Kern gleich geblieben, seit einem halben Jahrtausend wird es nach denselben Regeln gespielt. Schach hat eine schillernde Vergangenheit, eine bewegte Gegenwart und sicherlich auch eine spannende Zukunft – als das bedeutendste Spiel, das Menschen jemals erdacht haben.

Anhang: Die Spielregeln und die Schreibweise der Züge (Notation)

Ausgangsstellung und Spielziel

Das Schachbrett besteht aus 64 Feldern, es ist in acht vertikale *Linien* (nummeriert von a bis h) und acht horizontale *Reihen* (nummeriert von 1 bis 8) unterteilt. Weiße und schwarze Felder wechseln sich ab, aus der Sicht der Spieler befindet sich rechts unten ein weißes Feld. Die Bezeichnung jedes Feldes ergibt sich aus der Kombination von Linie und Reihe, so steht der weiße König bei Spielbeginn auf dem Feld e1.

Jeder Spieler verfügt über 16 Figuren, die zu Beginn der Partie folgendermaßen aufgestellt sind (Abb. 12).

Gezogen wird abwechselnd, wobei jeder Spieler bei jedem Zug jeweils eine seiner Figuren bewegt (Ausnahme ist die Rochade, bei der zwei Figuren ihre Position verändern). Weiß er-

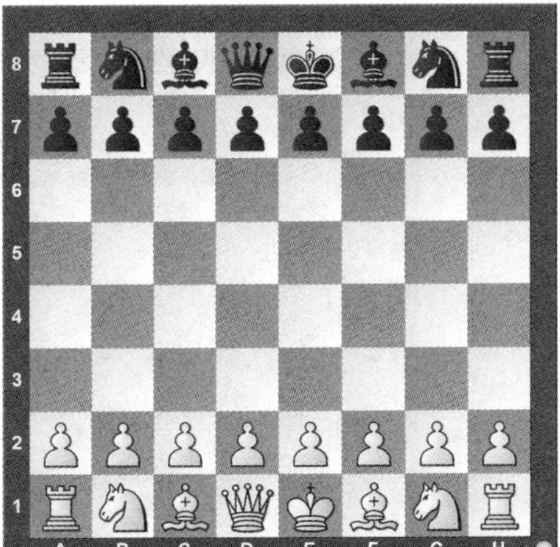

Abb. 12: Ausgangsstellung einer Schachpartie

öffnet die Partie, es besteht Zugpflicht. Ziel des Spieles ist es, den gegnerischen König mattzusetzen; dies bezeichnet eine Situation, in der ein König unausweichlich im nächsten Zug geschlagen werden könnte.

Die Gangart der Figuren

Die Figuren unterscheiden sich durch ihre Zugmöglichkeiten. Mit Ausnahme des Springers dürfen sie weder eigene noch gegnerische Steine überspringen. Sie beenden den Zug entweder auf einem freien Feld oder schlagen einen gegnerischen Stein. Eigene Figuren dürfen nicht geschlagen werden.

Der König darf ein Feld in eine beliebige Richtung ziehen. Er ist damit eine langsame Figur, kann aber im Endspiel große Stärke entwickeln. Solange noch viele Figuren auf dem Brett sind, wird der König allerdings zumeist hinter einem Bauernwall in Sicherheit gebracht. Er darf niemals auf ein Feld gezogen werden, auf dem er von einer gegnerischen Figur geschlagen werden könnte (Abb. 13).

Türme und Läufer dürfen beliebig viele Felder weit fortbewegt werden. Der Turm zieht in gerader Linie, also ver-

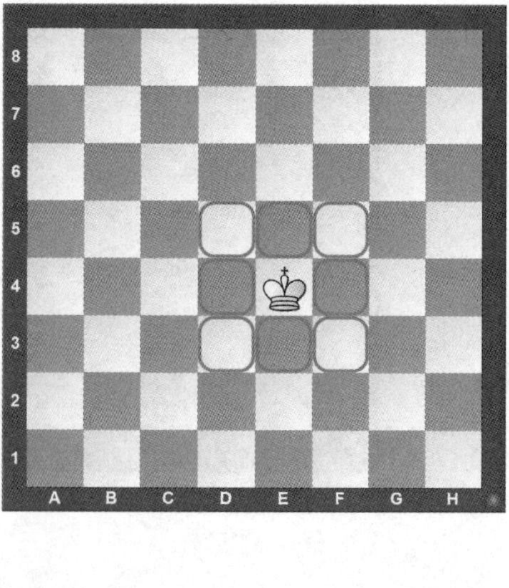

Abb. 13: Gangart des Königs

tikal oder horizontal, der Läufer stets diagonal. Folglich können Türme alle Felder des Brettes erreichen, während Läufer auf eine Farbe festgelegt bleiben: Weißfeldrige Läufer können nie auf schwarze Felder gelangen und umgekehrt (Abb. 14 und 15).

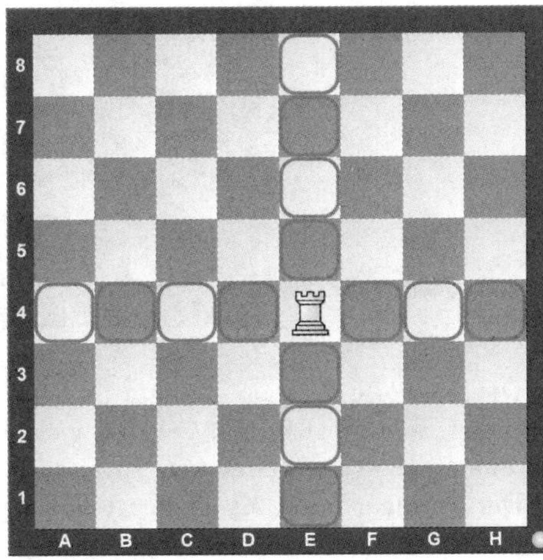

Abb. 14: Gangart des Turms

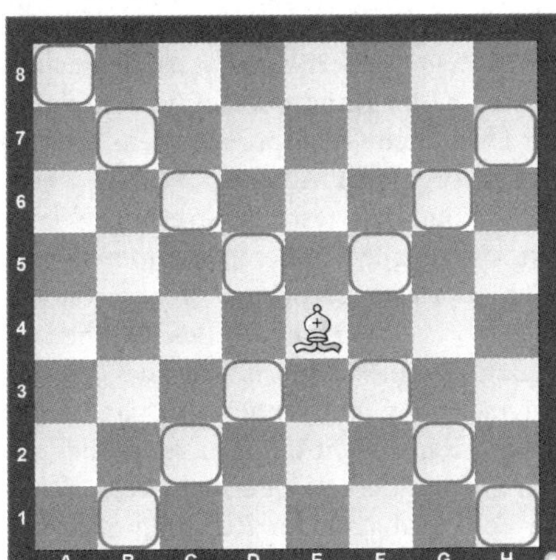

Abb. 15: Gangart des Läufers

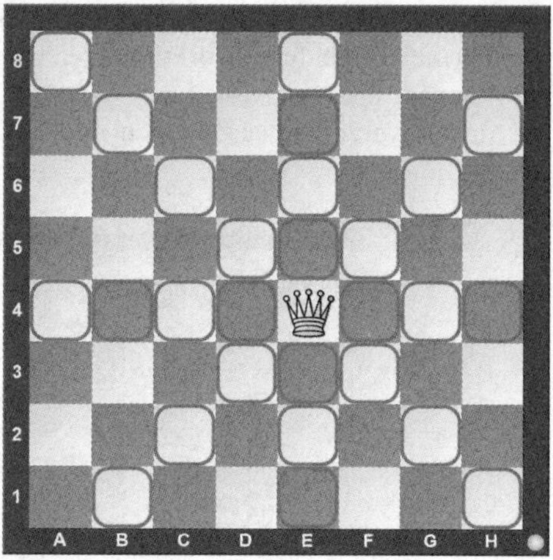

Abb. 16: Gangart der Dame

Die Dame ist die stärkste Figur im Schach. Sie kann horizontal, vertikal und diagonal beliebig viele Felder ziehen. Damit vereint sie die Fähigkeiten von Turm und Läufer (Abb. 16).

Der Springer kann als einzige Figur eigene und gegnerische Figuren überspringen. Sein Zug kann beschrieben werden als eine Kombination aus einem geraden Zug um zwei Felder zuzüglich eines Seitwärtsschritts um ein Feld. Die Anzahl möglicher Züge variiert somit stark, je nachdem ob ein Springer im Zentrum, am Rand oder in der Ecke postiert ist. Der Springer auf f3 hat acht Zugoptionen, sein schwarzer Kollege auf a8 lediglich zwei (Abb. 17).

Die kompliziertesten Zugregeln gelten für die Bauern. Im Gegensatz zu allen anderen Figuren dürfen sie nicht rückwärts oder seitwärts gezogen werden, sondern bewegen sich stets nach vorne. Eine weitere Besonderheit besteht darin, dass der Schlagzug eines Bauern sich von dem Zug auf ein freies Feld unterscheidet: Von seinem Ausgangsfeld auf der zweiten bzw. siebten Reihe zieht der Bauer ein oder zwei Felder nach vorne, von allen anderen Feldern ein Feld. Geschlagen wird hingegen ein Feld in diagonaler Richtung nach vorne. Der weiße Bauer auf e2 kann wahlweise nach e3 oder e4 gezogen werden, der

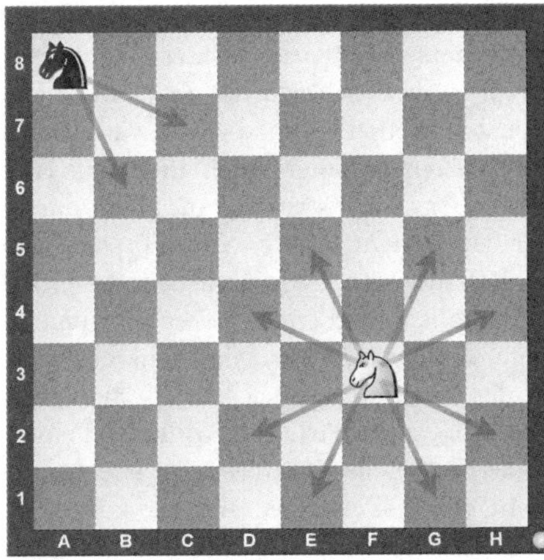

Abb. 17: Gangart des Springers

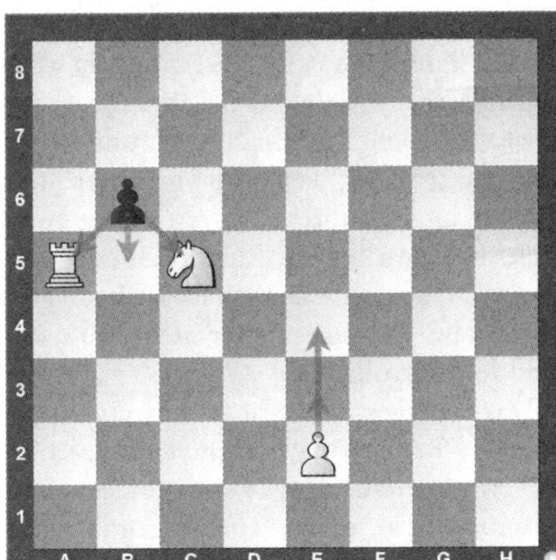

Abb. 18: Gang- und Schlagart der Bauern

schwarze Bauer auf b6 kann wahlweise nach b5 ziehen, den weißen Turm auf a5 oder den weißen Springer auf c5 schlagen (Abb. 18).

Gelangt ein Bauer auf die gegnerische Grundreihe, kommt es zur Umwandlung: Der Bauer wird aus dem Spiel genommen und nach Wahl des umwandelnden Spielers durch eine andere Figur derselben Farbe ersetzt (König ausgenommen). In aller Regel entscheidet sich der Spieler für eine Dame, in manchen Konstellationen kann die Umwandlung in einen Springer, in ganz seltenen Fällen auch in einen Turm oder einen Läufer sinnvoller sein. Es ist also möglich, dass ein Spieler im Verlauf der Partie mehr Figuren eines Typs erhält als in der Grundstellung (Bauern und König ausgenommen).

Vervollständigt werden die Zugregeln durch zwei Sonderzüge: die Rochade und das Schlagen *en passant*. Die Rochade ist der einzige Zug, bei dem ein Spieler zwei seiner eigenen Figuren bewegen darf, den König und einen seiner Türme, sofern beide Figuren auf ihren Ausgangsfeldern stehen und zuvor noch nicht gezogen wurden. Bei der kurzen Rochade kommen der König auf g1 (g8) und der Turm auf f1 (f8) zu stehen, bei der langen Rochade endet der Zug für den König auf c1 (c8), für den Turm auf d1 (d8). König und Turm überspringen sich bei diesem Zug. Eine Rochade ist nur möglich, wenn zwischen König und Turm weder eigene noch fremde Figuren postiert sind, der König nicht im Schach steht und keine gegnerische Figur ein Feld kontrolliert, das der König überqueren muss (Abb. 19).

Weiß am Zug dürfte, sofern König und der Turm auf h1 noch nicht gezogen haben, kurz rochieren, aber nicht lang, da der Turm a1 sein Ausgangsfeld verlassen hat. Schwarz am Zug dürfte lang rochieren, aber nicht kurz, da der weiße Läufer das Feld f8 kontrolliert.

Das Schlagen *en passant* («im Vorbeigehen») verweist darauf, dass die Bauern ursprünglich immer nur ein Feld nach vorne ziehen durften. Macht ein Bauer einen Doppelschritt und kommt direkt neben einem gegnerischen Bauern zu stehen, kann Letzterer so schlagen, als ob nur ein Einzelschritt erfolgt wäre. Dies ist jedoch nur im unmittelbar auf den Doppelschritt folgenden Zug möglich, danach nicht mehr (Abb. 20).

Weiß hat soeben seinen Bauern von g2 nach g4 gezogen. Schwarz kann diesen schlagen, indem er ihn vom Brett nimmt und seinen eigenen Bauern h4 nach g3 stellt.

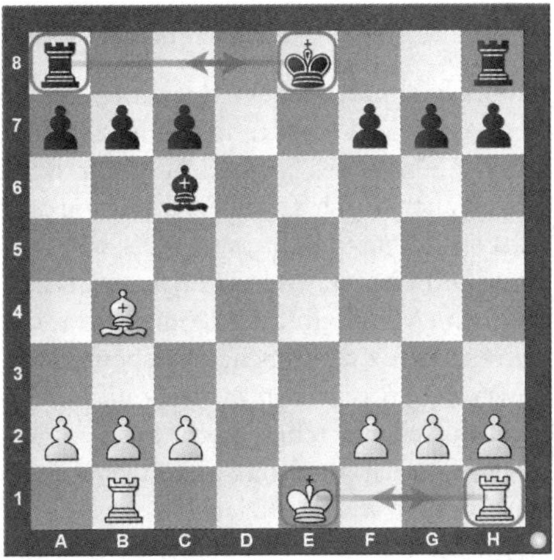

Abb. 19: Die Rochade

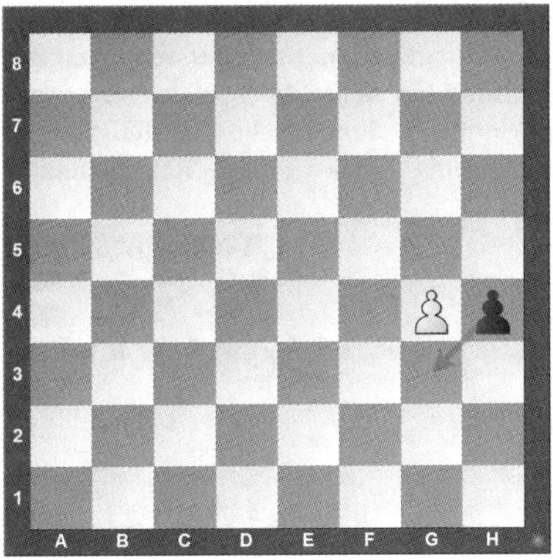

Abb. 20: Die En-passant-Regel

Das Ende der Partie

Eine Schachpartie endet mit einem Sieg von Weiß, mit einem Sieg von Schwarz oder mit einem Remis. Ein Spieler gewinnt durch Aufgabe des Gegners oder durch Schachmatt, im Turnierschach auch durch Zeitüberschreitung des Gegners. Von Schachmatt spricht man dann, wenn der König von einer gegnerischen Figur bedroht ist, also «im Schach steht», und es keinen regelkonformen Zug gibt, der König also unausweichlich auch nach dem eigenen Zug im Schach stehen würde.

Wenn kein regelkonformer Zug möglich ist, aber der König nicht im Schach steht, spricht man von Patt, die Partie ist damit remis. Dies ist auch das Resultat, wenn sich das Material auf dem Brett so weit reduziert hat, dass ein Schachmatt nicht mehr möglich ist, beispielsweise wenn einer Partei nur noch der König, der anderen nur noch König und Läufer verblieben sind. Eine weitere Möglichkeit für einen Remisschluss ist die Zugwiederholung: Befindet sich auf dem Brett zum dritten Mal dieselbe Stellung mit demselben Spieler am Zug, so kann dieser Remis reklamieren. Eine solche Konstellation kommt dann vor, wenn keiner der Spieler einer «Remisschaukel» ausweichen kann,

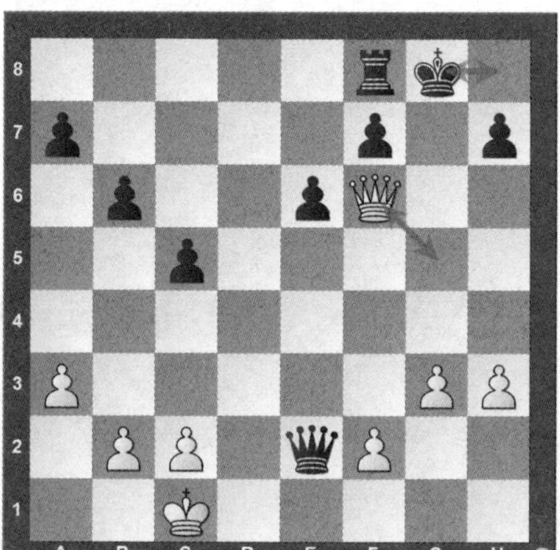

Abb. 21: Beispiel für eine Zugwiederholung

ohne in Nachteil zu geraten. In der folgenden Position ist Weiß materiell klar im Nachteil, aber er kann mit der Dame abwechselnd auf den Feldern f6 und g5 Schach geben, so dass der schwarze König zwischen g8 und h8 pendeln muss (Abb. 21).

Selten enden Partien remis aufgrund der «50-Züge-Regel»: Wird 50 Züge lang kein Stein geschlagen und kein Bauer gezogen, kann eine Partei Remis reklamieren. Häufig hingegen kommen Remisschlüsse durch Vereinbarung zustande, wenn ein Spieler nach Beendigung seines Zuges Remis anbietet und der Gegner dieses annimmt. Manche Turnierveranstalter unterbinden, um kampflose Remisen zu verhindern, solche Remisschlüsse ganz oder erlauben sie erst nach dem 30. oder nach dem 40. Zug.

Die Schreibweise der Züge (Notation)

Zur Aufzeichnung und Übermittlung von Schachpartien werden die Figurenwerte und die Felder angegeben. Die Figurenwerte können entweder durch Symbole oder durch Buchstaben angegeben werden, in letzterem Fall steht K für König, D für Dame, T für Turm, L für Läufer und S für Springer, bei Bauern fällt der Zusatz weg. Das Ausgangsfeld und das Zielfeld werden durch einen Gedankenstrich, bei Schlagzügen durch ein x verbunden. Se4–d6 bedeutet also, dass ein Springer von e4 nach d6 gezogen wurde, bei g3xh4 hat ein Bauer von g3 einen gegnerischen Stein auf h4 geschlagen. In der verkürzten Notation werden die Ausgangsfelder weggelassen, ein Schlagzug durch einen nachgestellten Doppelpunkt markiert. Die Zählung der Züge bezieht jeweils einen weißen Zug und den schwarzen Gegenzug ein. Die Anfangszüge der Spanischen Partie lauten demnach 1. e2–e4 e7–e5 2. Sg1–f3 Sb8–c6 3. Lf1–b5 oder nach verkürzter Notation 1. e4 e5 2. Sf3 Sc6 3. Lb5. Die kurze Rochade wird mit 0–0 bezeichnet, die lange Rochade mit 0–0–0. Wenn die Züge in Spalten notiert werden, erscheinen die weißen Züge links, die schwarzen rechts.

Für Partiekommentare haben sich eine ganze Reihe von Zeichen eingebürgert: Schachgebote werden mit «+» gekennzeichnet, Schachmatt mit «#». «?» steht für einen schwachen Zug, «??» für einen groben Patzer. «!» hingegen bezeichnet einen starken, «!!» einen sehr starken Zug. «+-» bedeutet entscheidenden Vorteil für Weiß, «=+» einen kleinen Vorteil für Schwarz, «=» bezeichnet eine ausgeglichene, «∞» eine unklare Stellung.

Glossar schachlicher Fachbegriffe

Anzugsvorteil: Da Weiß den ersten Zug ausführen darf, ist die Ausgangsstellung leicht vorteilhaft für Weiß. Statistisch erzielt Weiß 55 Prozent der möglichen Punkte, Schwarz 45 Prozent.

Blindschach: Schach ohne Ansicht des Brettes, die Spieler müssen die Züge im Kopf nachvollziehen.

Doppelbauer: In der Grundstellung stehen die Bauern nebeneinander, doch durch Schlagzüge kann es vorkommen, dass Bauern derselben Farbe auf einer Linie zu stehen kommen. Dann spricht man von Doppelbauern (bzw. Tripelbauern).

Elo-Zahl: Wertungszahl zur Angabe der Spielstärke.

Endspiel: Die Partiephase mit nur noch wenigen verbliebenen Figuren, in der Mattangriffe zumeist eine geringe, die Freibauern eine große Rolle spielen.

Eröffnung: Die ersten Züge einer Partie, in denen die Spieler zumeist noch bekannten Vorbildern folgen. Eröffnungen sind zumeist nach Ländern, Städten oder Spielern benannt, die bei der Entwicklung der Eröffnung eine bedeutende Rolle spielten (zum Beispiel «Russische Partie», «Berliner Variante», «Réti-Eröffnung»).

FIDE: Offizielle Abkürzung des Weltschachverbandes (Fédération Internationale des Échecs).

Freibauer: Bauer, der auf seinem Weg zum Umwandlungsfeld nicht mehr von gegnerischen Bauern gestoppt werden kann.

Kandidatenturnier: Turnier zur Ermittlung des Herausforderers im nächsten Weltmeisterschaftskampf.

Kombination: Eine berechnete Zugfolge, bei der ein Spieler nach vorübergehendem Opfer mattsetzt oder Materialvorteil erzielt.

Läuferpaar: In manchen Positionen ist der Spieler im Vorteil, der noch über seinen weißfeldrigen und seinen schwarzfeldrigen Läufer verfügt, der Gegner aber über Läufer und Springer oder zwei Springer.

Leichtfigur: Bezeichnung für Springer und Läufer.

Neuerung: Ein Eröffnungszug, der bislang noch nicht in der Turnierpraxis gespielt wurde.

Qualität: In den meisten Stellungen ist ein Turm mehr wert als Springer oder Läufer. Tauscht man einen Turm gegen eine Leichtfigur ein, spricht man von «Qualitätsopfer».

Schwerfigur: Bezeichnung für Turm und Dame.

Umwandlungsfeld: Das Feld auf der gegnerischen Grundreihe, auf dem sich ein Bauer umwandeln darf.

Variante: Eine mögliche Zugfolge mit verschiedenen Verzweigungen.

Literatur und Webseiten

Bücher

Joachim Petzold, Schach. Eine Kulturgeschichte, Leipzig 1986. *Ein Streifzug durch die Geschichte des königlichen Spiels.*

Wolfram Runkel, Schach. Geschichte und Geschichten, Reinbek bei Hamburg 2005. *Überblick über die Geschichte des Schachs in Verbindung mit Reportagen über bedeutende Turniere der letzten Jahrzehnte.*

Gerard F. Schmidt, Das Schachzabelbuch des Jacobus de Cessolis, Berlin 1961. *In diesem mittelalterlichen Bestseller dient das Schachspiel als Allegorie der Gesellschaft.*

Susanne Poldauf, Philidor. Eine einzigartige Verbindung von Schach und Musik, Berlin 2001. *Porträt des Komponisten und Schachspielers François-André Danican Philidor, der im 18. Jahrhundert die Grundlagen des Positionsspiels entdeckte.*

Martin Breutigam, Genies in Schwarzweiß. Die Schachweltmeister im Porträt, Göttingen 2016. *Biographien aller Weltmeister von Steinitz bis Carlsen, anhand von Partiefragmenten werden die Höhepunkte der Karriere und stilistische Besonderheiten vorgestellt.*

Jan Timman, Timman's Titans. My World Chess Champions, Alkmaar 2016. *Der holländische ehemalige Weltklassespieler, Autor mehrerer brillanter Strategiebücher, kannte alle Schachweltmeister seit Max Euwe persönlich. In diesem Buch entwickelt er in lockerem Erzählstil deren Profile als Schachspieler und als Menschen und schildert seine persönlichen Begegnungen mit ihnen.*

Boris Gulko – Viktor Kortchnoj – Wladimir Popow – Juri Felschtinski, Der KGB setzt matt. Wie der sowjetische Geheimdienst die Schachwelt manipulierte, Berlin 2009. *Eine Abrechnung mit dem Einfluss des Geheimdienstes auf das Sowjetschach, verfasst von Gegnern des Regimes.*

Ulf Eisele (Hrsg.), Kleine Bettlektüre für kluge Schachspieler, Bern u. a. 1988. *Zusammenstellung von literarischen Texten zum Thema Schach.*

Josef Seifert, Schachphilosophie. Ein Buch für Schachspieler, Philosophen und ‹normale› Leute, Darmstadt 1989. *Das Buch stellt dar, wie grundlegende Probleme der Philosophie anhand des Schachspiels diskutiert werden können.*

Christian Hesse, Expeditionen in die Schachwelt. Helden, Taten, Denkanstöße, Nettetal 2007. *Anekdotische Zusammenstellung von berühmten Partien und Studien, ergänzt mit Reflexionen aus der Perspektive des Mathematikers.*

Raj Tischbierek – Marc Lang – Michael Negele – Vlastimil Hort, Schauspiel des Geistes. Marc Langs unglaublicher Rekord im Blindsimultanschach, Berlin 2012. *Marc Lang stellte 2011 einen Weltrekord im Blindsimultan auf, indem er gleichzeitig gegen 46 Gegner ohne Ansicht der Bretter spielte. Das Buch beleuchtet seine Vorbereitungen und Techniken und liefert einen Einblick in die Geschichte des Blindschachs.*

Karsten Müller – Jonathan Schaeffer, Man vs. Machine. Challenging Human Supremacy at Chess, Milford 2018. *Ein Rückblick auf die Schachwettkämpfe zwischen Menschen und Computern.*

Zeitschriften

«Schach» (Exzelsior Verlag, monatlich). *Die beste deutschsprachige Schachzeitschrift, hervorragend sind insbesondere die Analysen aktueller Turnierpartien.*

«Karl. Das kulturelle Schachmagazin» (Karl-Verlag, vierteljährlich). *Jedes Heft hat einen thematischen Schwerpunkt, manchmal ein aktuelles Turnier, zumeist aber Ereignisse oder Personen der Schachgeschichte.*

«Die Schwalbe – Zeitschrift für Problemschach» (Schwalbe, deutsche Vereinigung für Problemschach e. V., zweimonatlich). *Die Traditionszeitschrift für Schachprobleme und -studien.*

Webseiten

Chess24 (https://chess24.com/de): *Übertragung aktueller Turniere und Matches mit Livekommentaren, außerdem Videos zu wichtigen Entwicklungen im Schach, zum Beispiel zu AlphaZero.*

ChessBase (https://de.chessbase.com): *Die Webseite des führenden Herstellers von Schachdatenbanken liefert aktuelle Berichte zu schachlichen Entwicklungen.*

Bildnachweis

Schachdiagramme: erstellt vom Autor mit Hilfe des Programms ChessBase
Vordere Umschlaginnenseite: © bpk/The Trustees of the British Museum
Abb. 3: © akg-images/Album/Oronoz
Abb. 10: © akg-images
Schachfiguren S. 128: Designed by macrovector/Freepik

Register

Die Schachweltmeister

1886–1894 Wilhelm Steinitz
1894–1921 Emanuel Lasker
1921–1927 José Raúl Capablanca
1927–1935 Alexander Aljechin
1935–1937 Max Euwe
1937–1946 Alexander Aljechin
1948–1957 Michail Botwinnik
1957–1958 Wassili Smyslow
1958–1960 Michail Botwinnik
1960–1961 Michail Tal
1961–1963 Michail Botwinnik
1963–1969 Tigran Petrosjan
1969–1972 Boris Spasski
1972–1975 Robert James Fischer
1975–1985 Anatoli Karpow
1985–2000 Garri Kasparow
2000–2007 Wladimir Kramnik
2007–2013 Viswanathan Anand
2013– Magnus Carlsen

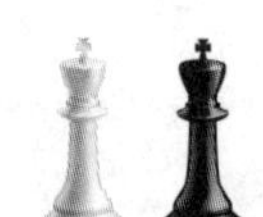